Kids

und bärenstark

Die praktische Buchreihe für Eltern, die mit ihren energiegeladenen Kindern in der knappen Freizeit möglichst viele gemeinsame Glücksmomente erleben wollen.

Almuth Bartl, Cornelia Nitsch

Super Sonntage mit PowerKids

Spiele, Aktionen und Eltern-Tipps

CHRISTOPHORUS

Inhalt

PowerKids

Vorwort

Eine kleine Umfrage bei Kindern und Eltern zeigte, dass Sonntage gar nicht so beliebt sind, wie man eigentlich glauben sollte. „Ich mag Sonntage nicht“, meint zum Beispiel die siebenjährige Luisa „da passiert nichts und am nächsten Tag muss ich wieder zur Schule.“

Nicht nur den Kindern geht es so. Irgendwie haben wohl wir alle unsere Probleme mit den Sonntagen, sind oft hin- und hergerissen zwischen dem Bedürfnis nach Ruhe und der Lust auf Action – und haben Schuldgefühle, weil wir am Wochenende endlich mal wieder mehr mit den Kindern machen wollten. Aber dann steht plötzlich Überraschungsbesuch vor der Tür. Oder es zeigt sich: So viele Dinge, für die man unter der Woche keine Zeit hatte, warten auf Erledigung und die Kinder scheinen einen vor dem Computer oder Fernseher ja sowieso nicht zu vermissen.

Für alle, die genug haben von dieser Art Sonntage, die sich aktiv mit ihren Powerkids beschäftigen möchten und bereits den nächsten Sonntag in einen erfrischenden, wilden, wundervollen Familientag verzaubern wollen, ist dieses Buch gedacht. Es ist voll mit Anregungen, die teilweise nur Minuten, manchmal aber Stunden oder den ganzen Nachmittag dauern. Denn ein Sonntag ist ideal für neue Entdeckungen und Eroberungen: in den eigenen vier Wänden, im Garten, auf dem Spielplatz, in Wald und Flur – unzählige Überraschungen warten nicht nur auf Powerkids, sondern auf die ganze Powerfamilie.

PowerKids

Die Buchreihe „Powerkids" richtet sich an alle Eltern unserer Zeit, die energievolle, intelligente, optimistische und anspruchsvolle Kinder haben. Das Leben mit solch einem „Energiebündel" ist für die Eltern nicht immer leicht. Diese Kinder klettern auf Bäume, bevor sie laufen können, fragen ihren Eltern Löcher in den Bauch und schrauben geduldig das neue Spielzeugauto auseinander, weil sie die Funktionsweise mehr interessiert als das Spielen selbst. Sie verfügen über scheinbar nie versiegende Energie und saugen nahezu jede Information gierig in sich auf. Was für ein Segen, wenn diese Kinder richtig gefordert und gefördert werden.

Die „Powerkids"-Bücher sind voll mit originellen Ideen, wie Eltern ihre Kinder sinnvoll beschäftigen. Damit werden Energien in Bahnen gelenkt, kreativ und produktiv umgesetzt. Daneben gibt es aber auch eine Menge Anregungen, ein Übermaß an Energie abzubauen, das Kind zu beruhigen und zu entspannen. Powerkids fühlen sich selbst fähiger und sind erfolgreicher, wenn sie gelernt haben, ihre Energie zu konzentrieren. In vielen Spielen lernen diese Kinder, die besten Wege zu finden, um ihre Stärken zu maximieren, freundlich mit anderen Kindern und Erwachsenen umzugehen und eventuelle Probleme anzugehen und zu lösen. Diese Fähigkeiten helfen nicht nur in der Familie, dem Kindergarten und der Schule, sie geben dem Kind darüber hinaus Halt, Zuversicht und Selbstvertrauen. Davon wird es ein Leben lang profitieren.

Wart' noch ein Weilchen ...

Sonntagmorgen-Beschäftigungen für energiegeladene Frühaufsteher

Kettenwerkstatt

Alter: ab 3 Jahre **Material:** Büroklammern

Ein Kind, das alt genug ist und nicht mehr alles in den Mund steckt, darf aus vielen Büroklammern eine Kette basteln. Das ist eine gute Übung für die Geschicklichkeit und eine ganz leise Beschäftigung, während der die anderen Familienmitglieder noch eine Runde schlafen können. Anstelle der Büroklammern kann man auch Nudeln, Fruit-Loops, Unterlegescheiben und dicke Holzperlen genüsslich und mit voller Konzentration auf Schnüre oder dünne Bändchen (Schnürsenkel) fädeln.

In aller Früh ...

Es gibt eine Tageszeit, in der das Zusammenleben mit einem lebhaften Kind besonders anstrengend ist: am Sonntagmorgen. Der Grund: Das Jüngste wacht sonntags noch eine halbe Stunde früher als während der Woche auf und watschelt vorsichtig ins Elternschlafzimmer. Nun kann man sich freilich noch einige Minuten schlafend stellen – das beeindruckt das Kleine aber wenig. Es klettert über Mama zu Papa, zupft ihn ein bisschen wach. Und weil es gerade lustig drauf ist, kitzelt es die Mama noch zärtlich an der Nase. Machen Sie sich keine Illusionen. Auch mit Spielen und Tricks werden Sie bestimmt nicht länger als noch ein halbes Stündchen liegen bleiben können. Das Kostbarste an solchen Momenten: Das Kind tankt Geborgenheit pur. Nimmt die Liebe, die Nähe und Wärme seiner Eltern durch alle Poren intensiv wahr: die beste Grundlage für eine gute Entwicklung.

ELTERN-TIPP

Die Krimskramskiste

Alter: ab 3 Jahre <> **Material:** Krimskrams

Bestimmt gibt es auch in Ihrem Haushalt so eine Schublade oder Kiste, in der alle möglichen Dinge wie Haargummis, abgebrochene Stifte, Schleifchen, Schnüre, Schächtelchen und vieles mehr zu finden sind. Befreien Sie diese Kiste von gefährlichen Gegenständen wie zum Beispiel Scheren, Nadeln etc. und überlassen Sie die Krimskramskiste dem Kind zum Herumkramen und Erforschen. Ein Spiel, das Neugierde auf die Dinge des Lebens weckt.

Tipp: Auch Mamas Handtasche zu inspizieren, macht einem Kleinkind große Freude. Vielleicht kümmert da ja ein eher ungeliebtes Modell in ihrem Schrank vor sich hin, das Sie immer wieder mal mit interessanten Dingen bestücken und, selbstverständlich nur am Sonntagmorgen, zur Inspektion freigeben können.

Rund ums Haus

Alter: ab 4 Jahre <> **Material:** Papier und Bleistift

Ein Familienmitglied schleicht am Sonntagmorgen mit Papier und Bleistift ausgerüstet ums Haus und macht mal hier, mal dort einen Rubbelabdruck. Dazu legt man ein Stück Papier zum Beispiel auf den Gartentisch und fährt mit dem weichen Bleistift immer wieder sanft über die Papierfläche. Nach kurzer Zeit erscheint die Struktur der Tischoberfläche auf dem Papier. Solche Zaubermuster kann man auch von der Hausmauer machen oder von der Haustür, vom Gartenzaun oder vom Briefkasten. Wenn dann alle beim Frühstück versammelt sind, zeigt man ein Rubbelbild nach dem anderen vor und lässt die anderen raten, was da abgerubbelt wurde. Natürlich kann man bei Regenwetter die Muster auch im Haus sammeln – von den Fliesen im Bad, der Tischdecke im Wohnzimmer und vielem mehr.

Klitzekleine Gummimonster

Alter: ab 3 Jahre <> **Material:** Gummibärchen

Erklären Sie dem Kind, dass sich nachts viele kleine Gummimonster im Wohnzimmer (Bad, Kinderzimmer …, überall, bloß nicht im Schlafzimmer) eingeschlichen haben und das Kind nun die vermissten Monster (Gummibärchen) suchen darf.

So wie immer

Alter: ab 3 Jahre

Führen Sie in Ihrer Familie ein, dass (zumindest die Eltern) sonntags länger schlafen. Wenn sich die Kinder daran halten und einigermaßen rücksichtsvoll den Wunsch der Eltern respektieren, gibt es dafür eine ganz besonders erstrebenswerte Belohnung. Das könnte zum Beispiel ein Frühstück im Garten oder auf dem Balkon, im Kinderzimmer oder am Badesee sein oder es gibt knusprige Waffeln zum Frühstück oder … Wenn sich die Eltern ebenfalls fest an die Abmachung halten, ist beiden Seiten gedient und das führt zu einem „Gute-Laune-Sonntag“ für die ganze Familie.

Spiele im Bett,
ideal für den Sonntagmorgen

Kissenschlacht oder Traumreise?

Kitzelspiel mit Lacheinlage

Alter: ab 4 Jahre

Ein Spiel für drei. Der erste Spieler legt sich im Bett lang, bereit, eine Kitzelei, mal wüst und wild, mal milde, über sich ergehen zu lassen. Der zweite beginnt zu kitzeln: tappelt mit den Fingern einer Hand Richtung Bauchnabel. Der dritte gibt mit Worten erst langsam, dann immer schneller vor, wie und wo gekitzelt werden soll: „Sanft und rund um den Bauchnabel. Dann fester auf der linken Schulter! Jetzt wieder ganz vorsichtig auf dem Kopf!"

Gar nicht so einfach, bei diesem Spiel blitzschnell und dann auch noch genau nach Anweisung zu reagieren. Je mehr Hinweise, desto schwieriger, ihnen zu folgen. Wenn das Ganze in großem Gelächter endet, werden die Rollen getauscht.

Blinde Kuh mit Füßen

Alter: ab 3 Jahre ◇ **Material:** verschiedene Spielzeuge

Spielort ist ein großes Bett mit großer Decke. Mutter oder Vater verstecken unter der Decke ein Spielzeug – einen Ball, einen Bauklotz oder ein kleines Stofftier zum Beispiel. Keiner darf ihnen dabei zuschauen. Dann versucht ein Spieler oder versuchen mehrere Spieler, das Ding, das unter der Decke verschwunden ist, mit den Füßen aufzuspüren – gucken ist verboten – und wenn's gefunden ist, durch Fühlen herauszufinden, was das sein könnte.

Ein Spiel, das lebhaften Kindern Geduld abverlangt, das ihren Tastsinn und ihre Wahrnehmungsfähigkeit schult.

Was fühl ich, was riech ich da?

Alter: ab 3 Jahre

Ein Sonntagmorgenspiel, wenn es sich mehrere im Bett gemütlich gemacht haben. Der Jüngste beginnt, legt sich lang, schließt die Augen. Dann wird ihm locker eine Hand aufs Gesicht gelegt, leicht wie eine Daunendecke. Jetzt darf geschnuppert und mit jeder Nervenfaser gefühlt werden: „Wessen Hand spüre ich? Was rieche ich?" Mutters Hand? Vaters Hand? Wer spielt noch mit? Riechen, fühlen – ein Spiel, das die Sinne weckt.

Schönes Wochenende!

Zwischen Hochstuhl und Hochschule liegen mehr als tausend Wochenenden. Zeiten, in denen Wünsche, Erwartungen, Interessen, Träume, gute und schlechte Laune, müde und unternehmungslustige Geister aufeinander prallen. Zeiten aber auch für Erlebnisse, an die man sich lange erinnern wird, Zeiten, in denen Gespräche stattfinden und Einstellungen und Werte vermittelt werden, die richtungsweisend im Leben der Kinder sind. Wie bei so vielen anderen Gebieten auch, liegt der Schlüssel zum „schönen Wochenende", Gewinn bringend für alle, in der Bescheidenheit. „Weniger ist mehr" – das gilt an Sonntagen besonders. Ein mit Unternehmungen überfrachtetes Wochenende bietet keine Erholung. Ein langweiliges schürt schlechte Laune und fördert unerwünschtes Verhalten. Darum ist auch hier das rechte Mittelmaß der Weg zum Glück.

ELTERN-TIPP

Nie aus der Mode: Kissenschlacht

Alter: ab 4 Jahre ◇ **Material:** Kissen

Der Renner und der Klassiker unter den Tobespielen. Die Kunst besteht darin, einerseits die eigenen Kräfte schwungvoll zu nutzen und gezielt mit dem eigenen Kissen auf ein anderes einzudreschen, andererseits diese Kräfte gleichzeitig zu zügeln, um sie nicht zu grob walten zu lassen – ein Balanceakt, der nicht nur Schwung, sondern auch Feingefühl verlangt.

Dein Traum, mein Traum

Alter: ab 5 Jahre

Am Sonntag ist Ruhe. Keiner muss morgens gleich aus dem Bett springen, deshalb bleibt jetzt Zeit genug, die Träume der vergangenen Nacht im Gedächtnis wieder aufzuspüren, sie wieder zusammenzusetzen, ihnen in Gedanken nachzuhängen, Geschwistern und Eltern davon zu erzählen. Eine beschauliche Angelegenheit für Powerkids, die noch leicht schlaftrunken sind – eine Möglichkeit, sich ein Weilchen mit den eigenen Gedanken und Erinnerungen zu beschäftigen.

Spielerisch-freche Aktionen rund ums Frühstück

Frühstücksfest im Familiennest

Das Kuckucksei

Alter: ab 4 Jahre **Material:** Eierbecher, gekochte Eier, Eierschale, Zettel, Stift

Mehrere Eierbecher mit gekochten Eiern werden auf den Frühstückstisch gestellt – mit einer Ausnahme: In einem Becher prangt kein gekochtes Ei, sondern eine Attrappe: eine Eierschale, umgedreht, unten offen. In der Eierschale steckt ein Zettel mit fünf Fragen – zum Beispiel mit folgenden Fragen

– Wie heißen die fünf Finger einer Hand?
– Wer findet ein Wort, das sich auf Haus reimt?
– Wer kennt ein Märchen, in dem von einem Wolf die Rede ist?
– Was fällt dir zu der Farbe Rot ein?

Das Spiel: Jeder Mitspieler sucht sich einen Eierbecher mit Ei aus. Wer die Eierschale mit dem Zettel erwischt, versucht, die Fragen zu beantworten.

Das Tellerspiel

Alter: ab 5 Jahre **Material:** Foto

Unter dem Frühstücksteller des jüngsten Mitspielers wird ein Foto von Oma, Opa, Tante, Onkel oder einem anderen Mitglied aus dem weiteren Familien- oder Freundeskreis versteckt. Während des Frühstücks ist viel die Rede von dem, der auf dem Foto zu sehen ist. Sein Name darf aber keinesfalls genannt werden. Es erfordert Kombinationstalent und ist deshalb gar nicht einfach, sich aus den kurzen Andeutungen zusammenzureimen, wer gemeint ist. Hat der/die Jüngste es erraten? Ein Blick auf das Foto unter dem Teller zeigt es sofort.

Ein guter Auftakt – wichtig für den ganzen Tag

Powerkids wollen morgens gleich loslegen. Morgenmuffelei ist nicht ihr Ding. Putzmunter und gut ausgeschlafen halten sie Ausschau nach Anregendem: „Was bringt uns der Tag?" In aller Frühe den Kids gleich Anregungen bieten? Eine Horrorvorstellung für Eltern, die weit weniger munter als ihr Nachwuchs sind. Halb so schlimm: Zwischen Marmeladenbrötchen und Kakaotrinken lassen sich ohne Aufwand ein paar Spiele einschieben, die Kindern das Gefühl vermitteln: Beim Frühstück geht's auch um uns, um unsere Bedürfnisse. Die Großen stellen sich auf uns ein. Gut gelaunt machen sie sich ans Werk. Wenn dieser positive Auftakt gelingt, wenn die Spiele nicht nur unterhalten, sondern sie auch fordern, dann bleibt die gute Laune und wirkt den Sonntag über fort.

ELTERN-TIPP

Grünzeug und Rotsachen

Alter: ab 5 Jahre

Ein Spiel für drei oder mehr Spieler. Einer nennt eine Farbe, sagt etwa „Grün". Die anderen kramen daraufhin in ihrem Gedächtnis und suchen nach einer grünen Beigabe zum Sonntagsfrühstück. Wer zum Beispiel zuerst „Salat" ruft, darf anschließend eine neue Farbe vorgeben, etwa „blau". Welcher Mitspieler greift die Farbe zuerst auf und sucht nach einem blauen Teil auf dem Frühstückstisch? Wer kommt zum Beispiel auf „Pflaume" oder „blaue Serviette"? Kein Ding darf zweimal genannt werden. Langes Nachdenken ist nicht erlaubt. Wer nichts weiter weiß, muss einmal aussetzen. Gewinner ist, wer die meisten Treffer gelandet hat.

Das unsichtbare Frühstück

Alter: ab 4 Jahre

Dieses festliche Sonntagmorgenfrühstück findet nur in der Fantasie statt. Gespielt wird zu zweit. Der jüngere Spieler beginnt. Er sagt, was er zuerst aufdeckt, z. B. „Zwei Teller!" Jetzt ist der ältere an der Reihe und ergänzt: „Zwei Messer!" So geht es eine Weile hin und her, bis der unsichtbare Frühstückstisch reich mit Eiern, Marmelade, Äpfeln, Gläsern mit Orangensaft, Müsli gedeckt ist. Das Kunststück der Spieler besteht darin, jedes Ding nur einmal zu nennen. Wer wiederholt, muss einmal aussetzen. Langes Nachdenken ist nicht erlaubt. Je schneller das Hin und Her, desto anstrengender. Genaues Aufpassen ist gefragt. Für jeden Treffer wird ein Pluspunkt gutgeschrieben. Gewinner ist, wer die meisten Punkte sammelt.

Der Gurkenkönig

Alter: ab 4 Jahre ◇ **Material:** Gewürzgurken, Frühstücksteller, Würfel

Mehrere Gewürzgurken in Scheiben schneiden. Dann einen Kreis von Gurkenscheiben auf dem Rand eines Frühstückstellers drapieren. Um die Scheiben würfeln. Der jüngste Mitspieler beginnt. Wirft er eine Zwei, zählt er von einem vorher festgelegten Startpunkt aus zwei Scheiben weiter und isst die zweite Gurkenscheibe auf. Dann ist der Nächste an der Reihe, würfelt, zählt und verputzt die entsprechende Gurkenscheibe. Wer eine Fünf oder eine Sechs wirft, muss aussetzen. Beim Abzählen nicht die Zwischenräume, sondern nur die Gurkenscheiben zählen. Gewinner ist, wer die letzte Gurkenscheibe isst.

Ein Spiel für Zählanfänger, die ihre Künste auch schon gern in der Frühe vorführen.

Küchenkram für kluge Kinder

Kochen und backen mit Geschichten und Experimenten

Wettspiele: Übungen für soziales Verhalten

Wird um die Wette gespielt, um erste Plätze gerungen, ist die Spannung groß. Natürlich möchte jedes Kind im Mittelpunkt des Geschehens stehen, beim Wettkampf möglichst der Erste sein. Gerade die Starken, besonders Aktiven unter den Kids sind oft daran gewöhnt, beim Spielen abzusahnen: Gewinne einzuheimsen, den ersten Platz einzunehmen, auf dem Podest zu stehen.

Beim Spielen können sie auch lernen, dass sie keinen selbstverständlichen Anspruch auf die vorderen Ränge haben. Dass die Hauptrollen nicht nur für sie reserviert sind, dass auch andere manchmal den Vortritt haben. Keine leichte Übung für Powerkids, aber eine wichtige Erfahrung. Spiele sind sehr brauchbare Übungsfelder für soziales Verhalten.

ELTERN-TIPP

Die Zukunftskartoffel

Alter: ab 5 Jahre ◇ **Material:** Küchenmesser, Kartoffel

Eine Kartoffel wird so geschält, dass ein möglichst langes Schalenband entsteht. Nun darf jedes Familienmitglied diese Schale einmal rückwärts über die linke Schulter werfen. Ohne die Schale zu berühren, betrachtet man, in welcher Position sie gelandet ist. Manchmal bildet die Kartoffelschale ein ziemlich eindeutiges Bild, zum Beispiel eine Wolke oder ein Herz, eine Buchstabenform usw. Je nachdem, welche Form da zu erkennen ist, wird dem Werfer die Zukunft vorausgesagt. Eine Wolke deutet vielleicht auf eine Flugreise hin, ein Herz auf die große Liebe usw.

Sonntag ist anders

Alter: ab 4 Jahre ◇ **Material:** alles aus der Küche

Auch in der Küche merkt man, dass so ein Sonntag anders ist als die übrigen Tage in der Woche. Heute dürfen die Kinder bestimmen, was gegessen wird, und übernehmen sogar einen Großteil der Zubereitung. Die Eltern sind Helfer, aber keinesfalls „Besserwisser". Dabei können Eltern mit den Kindern kleine Experimente durchführen, zum Beispiel:

– Was schwimmt, was sinkt und was schwebt im Wasser?

– Was passiert, wenn ich Backpulver mit Essig mische?

– Wie bringe ich mein Frühstücksmüsli dazu, aus dem Schälchen zu springen?

(Geheimtipp für Eltern: Einen aufgeblasenen Luftballon durch Reibung statisch aufladen und über das Müsli halten!)

Sonntags-Pfannkuchen

Alter: ab 4 Jahre ◇ **Material:** Teigspritze, Zutaten für Pfannkuchenteig

Eine Teigspritze (wie sie für die Weihnachtsbäckerei Verwendung findet, bzw. ein Dressiersack) mit enger Tülle wird mit flüssigem Pfannkuchenteig gefüllt. Damit spritzt man nun Buchstaben, Zahlen, Autos, Blumen und was einem sonst noch einfällt in die Pfanne und bäckt die Form aus. Mit Puderzucker bestäubt oder mit Marmelade bestrichen werden die Dinger aufgefuttert. Ein lustiges Essen für Kinder, denn wer sonst kann schon von sich behaupten, zu Mittag ein Auto vertilgt zu haben?

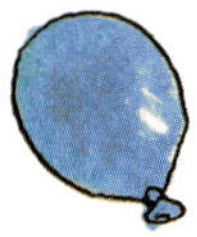

Restaurant-Neueröffnung

Alter: ab 4 Jahre ◇ **Material:** Küchenmesser, Spieße, Lebensmittel

Das macht allen Spaß: den „Restaurant-Besitzern" genauso wie den „Gästen". Gemeinsam mit einem oder mehreren Kindern wird das Essen vorbereitet: am besten lauter kleine Snacks, die kalt gegessen werden, z.B: Käse-Tomaten-Spieße, Salamibrot-Herzen (mit Plätzchenausstecher herstellen!), Schinkenwaffeln usw. Die Speisen werden mit appetitlichen Fantasienamen getauft und auf einer entsprechenden Speisekarte angeboten. Natürlich dürfen sich die Gäste nicht setzen wie sie wollen, sondern werden von der Empfangsdame bzw. dem Kellner zu ihren Plätzen geleitet. Die Bedienung nimmt dann die Bestellungen auf, serviert das Essen, fragt nach, ob die Kundschaft zufrieden ist und kümmert sich so gut es geht um die Gäste.

Gabelstapler

Alter: ab 5 Jahre ◇ **Material:** Würfelzucker, Gabeln

Wartezeiten in der Küche lassen sich besonders gut überbrücken, wenn man Kinder in Gabelstapler verwandelt. Für dieses Spiel bekommt jedes Kind 10 (später dann bis zu 20) Stücke Würfelzucker und zwei Gabeln. Sobald das Startzeichen gegeben wird, soll jeder mit seinen Würfeln einen zehnstöckigen Turm bauen, jedoch nur unter Zuhilfenahme der beiden Gabeln. Wem dieses Bauwerk zuerst gelingt, der verdient einen kleinen Preis!

Für Konstrukteure. Ein Geschicklichkeitsspiel mit Nachdenken. Klar, dass das Gabelstapeln auch ohne Wettbewerb mit anderen Kindern Spaß macht.

Beschäftigungen
für zwei, die endlich Zeit
füreinander haben

Nur du und ich

Nur du und ich

Alter: ab 3 Jahre

So schön es ist, in einer Familie zu leben und vieles gemeinsam zu unternehmen – so schön ist es auch, wenn man die Mama oder den Papa mal ganz für sich allein hat. Da kann die große Schwester zum Beispiel mit der Mama einen kleinen Einkaufsbummel machen, während der Papa vielleicht mit dem kleinen Bruder am Nachmittag den örtlichen Fußballverein lautstark unterstützt, das Fahrrad auf Vordermann bringt oder eine Kinderzimmer-Alarmanlage bastelt. Die Zweier-Teams überlegen sich, was sie gemeinsam Tolles unternehmen wollen und malen es sich richtig schön aus, bevor es losgeht.

Enten füttern im Park

Alter: ab 3 Jahre ◇ **Material:** Brotkrümel

Enten füttern ist keineswegs nur für Omas eine lustige Beschäftigung. Kinder finden es sehr spannend, wenn sie sehen, wie die Enten gierig herbeiwatscheln, nur um ein Stück altes Brot zu ergattern. Man kann dann bei dieser Gelegenheit den Enten auch Namen geben und seine absolute Lieblingsente auswählen, deren Aussehen man sich gut einprägt, um sie am nächsten Sonntag gleich wieder zu erkennen und mit einem besonderen Leckerbissen zu begrüßen.

Im kleinen Kreis – um jeden Preis?

Viele Familien sind am Sonntag gerne unter sich – egal, ob sie aus zwei oder mehr Personen bestehen. Verständlich, denn während der Woche bleibt häufig wenig Zeit fürs Familienleben. Deshalb soll am Sonntag das nachgeholt und ausgekostet werden, was sonst unter den Tisch fällt. Aber am Wochenende stundenlang beieinander hocken und gemütliches Familienleben rund um die Uhr zelebrieren? Nicht immer und nur empfehlenswert, denn erstens ist die Harmonie schwer durchzuhalten, zweitens nicht unbedingt im Sinne kindlichen Erlebnishungers. Den meisten Kids tut es gut, zwischendurch auch mal andere Gesichter zu sehen als die von Mama und Papa, Freunde zu treffen, denn auch am Wochenende wollen sie mal unter ihresgleichen sein, weg von den Großen. Sie brauchen ihre Freunde zum Ausgleich – als Gegengewicht zu den Lieben daheim.

ELTERN-TIPP

Der Mitten-in-der-Woche-Sonntag

Alter: ab 3 Jahre

Alleinerziehende leiden oft darunter, dass sie zwar den Alltag mit dem Kind verbringen dürfen, aber der Sonntag mit all seinen Annehmlichkeiten vom anderen Elternteil belegt ist. Das Kind erfährt: Bin ich bei der Mama, muss ich wie immer in den Kindergarten, Mülleimer runtertragen und Karottengemüse essen. Bin ich beim Papi, gehen wir nach dem Zoo in den Zirkus, dann zu McDonalds und am Ende noch ins Kino. Damit hier nicht falsche Schlüsse gezogen werden, darf es auch mitten in der Woche einen „Sonntag"-Nachmittag geben, an dem gemeinsam etwas ganz Supertolles unternommen wird. So könnte man vielleicht ins Eisstadion oder ins Schwimmbad gehen, eine kleine Radtour unternehmen oder ins Kino gehen.

Das Wolken-Theater

Alter: ab 3 Jahre

Das allerschönste Spiel, das man zu zweit bei schönem Wetter genießen kann, ist eine Vorstellung im Wolken-Theater. Man legt sich gemütlich ins Gras, streckt sich aus, entspannt sich und betrachtet die Wolken am Himmel. Schon nach kurzer Zeit entdeckt man eine kleine Wolke, die aussieht wie Tante Gerda, wenn sie lacht, und die Wolke daneben verformt sich plötzlich in ein Wolkenschwein mit Hut. Je länger man sich der Vorstellung hingibt, umso lebendiger wird das Theater. Gemeinsam werden so die Wolkenbilder interpretiert.

Ein Fantasiespiel, das quicklebendigen Kindern hilft, auch mal zur Ruhe zu kommen.

Kennst du das?

Alter: ab 4 Jahre ◇ **Material:** Tuch

Dem Kind werden die Augen verbunden. Der Erwachsene führt es nun ums Haus herum und bleibt zum Beispiel beim Briefkasten stehen. Er nimmt die Hand des Kindes, legt sie auf den Briefkasten und lässt dem Kind Zeit, den Gegenstand abzutasten. Errät es, um was es sich hier handelt, wird es gleich zum nächsten Rate-Gegenstand geführt, beispielsweise soll es nun die Lampe vor dem Haus, eine besondere Blüte, den Griff vom Gartentor usw. ertasten.

Knobel- und Stillsitzspiele für Unruhige

Auf dem Sofa lungern und fit werden

Für Farbsucher

Alter: ab 4 Jahre **Material:** Farbenwürfel

Einen Farbenwürfel in die Hand nehmen, beide Hände aufeinander legen, eine Höhle bilden und den Farbenwürfel darin rütteln und schütteln. Dann die Hände öffnen und mit dem Würfel ausstrecken. Zeigt der Würfel Rot, sucht der Spieler das Zimmer mit den Augen nach Rotem ab, zeigt der Würfel Blau nach Blauem. Ist das Gesuchte gefunden, werden die Rollen getauscht. Im Laufe des Spiels darf kein Ding zweimal genannt werden. Für jeden „Fund" gibt es einen Punkt. Wer nach zehn Würfelrunden die meisten Punkte gesammelt hat, gewinnt

Ein Spiel, das unruhigen Kindern ein Fünkchen Ruhe abverlangt – eine Geduldsprobe. Wer ist besonders pfiffig im Suchen und Finden?

Fünf Schleifentrullas

Alter: ab 5 Jahre **Material:** farbige Bänder, Stifte

Ein Spiel für zwei. Fünf nicht zu lange (ca. 20 cm) farbige Bänder liegen für jeden Mitspieler bereit. Gegenseitig binden sich die Mitspieler nun die Bänder um die fünf Finger einer Hand und binden dabei Schleifen. Die so mit farbigen Schleifen verzierten Finger bekommen mit Farbstiften Gesichter aufgemalt. Nun kann mit diesen Schleifentrullas oder -heinis ein kleines Theaterstück improvisiert werden.

Ein spaßiges Geschicklichkeitsspiel für alle Kinder, vor allem aber für jene, die gerade das Schleifenbinden gelernt haben.

Geschwisterstreit: jeden Sonntag fällig?

Harmonisch soll es zugehen am Sonntag, alle wollen ihren Spaß haben und die freien Wochenendtage genießen. Manchmal stellt sich das traute Bild ein – sogar, wenn mehrere Geschwister zur Familie zählen: Die Größeren helfen den Kleineren. Die Jüngeren eifern den Älteren nach. Doch plötzlich ein Knall: Der große Wochenendzank ist fällig, Zoff auf ganzer Linie. Gerade die besonders selbstständigen, selbstbewussten Kinder beharren auf ihren Rechten, kämpfen um ihre Position in der Familie. Eltern fällt es schwer, diese typischen Sonntagsstreitereien als normale Rangkämpfe unter Geschwistern hinzunehmen und abzuhaken nach dem Motto: Gleich spielen sie wieder miteinander. Auf den ersten Blick ist nicht leicht zu erkennen, dass Kinder von ihren Auseinandersetzungen auch profitieren und die Sonntage sich wunderbar dazu eignen.

ELTERN-TIPP

Wörter knüpfen und entkoppeln

Alter: ab 6 Jahre

Einer nennt ein zusammengesetztes Wort, sagt zum Beispiel „Hundekuchen". Der Nächste greift das Wort auf, muss dann aus dem zweiten Teil des Wortes ein neues Doppelwort knüpfen – zum Beispiel das Wort „Kuchenteller". Das nächste Glied: Tellerfleisch. Wer nicht weiter weiß, muss ein Pfand abgeben und darf danach ein neues Doppelwort vorgeben. Zum Schluss werden alle Pfänder verlost.

Eine Herausforderung für jüngere Mitspieler, die noch nicht fit im Schreiben und Lesen sind. Sie brauchen Unterstützung durch ältere.

Bild oder Zahl?

Alter: ab 5 Jahre ◇ **Material:** 10-Cent-Münze

Ein Sofa-Spiel für zwei, die sich im Werfen und Fangen üben. Der erste Mitspieler wirft eine 10-Cent-Münze hoch – so vorsichtig und geschickt, dass er sie im Sitzen auffangen kann. Hat er sie erwischt, deckt er die Münze sofort ab und fragt: „Was liegt oben, Bild oder Zahl?" Der zweite muss raten oder vielleicht war er auch schnell und wendig genug, einen Blick auf die Münze zu werfen, bevor sie abgedeckt wurde. Tippt er falsch, denkt sich der Mitspieler eine Turnübung für ihn aus. Der Turner muss vom bequemen Sofa steigen und vorturnen: einmal quer durch die Wohnung auf einem Bein hüpfen oder sich im Schneidersitz auf den Boden hocken. Danach darf er wieder aufs Sofa krabbeln und die Münze werfen.

Schere, Stein, Papier

Alter: ab 4 Jahre

Ein altbewährtes Spiel für zwei. Gemeinsam bis drei zählen. Danach blitzschnell mit der Hand ein Symbol bilden: Faust gleich Stein, flache Hand gleich Papier, gespreizter Mittel- und Zeigefinger gleich Schere. Wer gewinnt? Die Schere schneidet das Papier. Der Stein zertrümmert die Schere. Das Papier wickelt den Stein ein. Wer reagiert schnell?

Gehen, rasten, spielen – kinderfreundliche Spaziergänge

Der etwas andere Sonntags-Spaziergang

Taschenschatz

Alter: ab 4 Jahre <> **Material:** Gummiball, Pfeife o. Ä.

Um Langeweile vorzubeugen, haben Mutter oder Vater einen Schatz in ihrer Jackentasche versenkt – zum Beispiel einen Miniball oder eine Trillerpfeife. Unterwegs, wenn die Lust am Laufen nachlässt, darf ein Mitspieler danach graben – aber erst, nachdem er durch geschicktes Fragen herauszufinden versucht hat, welcher Schatz sich in der Tasche versteckt haben könnte. Ältere Mitspieler helfen jüngeren dabei, sich geschickte Fragen auszudenken, denn das ist gar nicht so einfach.

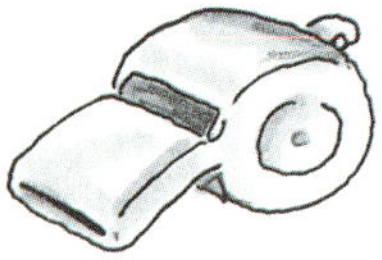

Märchenkuddelmuddel

Alter: ab 5 Jahre

Während eines Spaziergangs erzählt ein Erwachsener ein bekanntes Märchen. Wichtige Details der Geschichte werden beim Erzählen allerdings verändert, zum Beispiel fährt der gestiefelte Kater nicht in einer Kutsche über Land, sondern ist auf einem Fahrrad unterwegs und Schneewittchen flüchtet sich zu neun Zwergen hinter fünf Bergen. Welches Kind ist ein Meister darin, ganz konzentriert zuzuhören und die Fehler aufzuspüren?

Reiterspiele

Alter: ab 3 Jahre

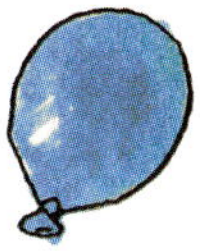

Hopp, hopp, hopp – he, he Mann,
zieh dem Pferd die Zügel an,
zieh sie nicht zu feste an,
dass mein Kind auch reiten kann,
hopp, hopp, hopp …

Wenn aus dem Sonntagsspaziergang ein Ritt wird, wenn sich Mama oder Papa in ein Pferd verwandeln und man auf ihren Schultern thronend durch die Gegend reiten, im Rhythmus des Verses hin und her schaukeln kann, ist jedes Kind begeistert bei der Sache.

Hoppe-hoppe-Reiter-Spiele lassen Kinder nicht nur vor Freude juchzen, sondern das Schaukeln und Drehen regt den Gleichgewichtssinn an. Je intensiver der Gleichgewichtssinn stimuliert wird, desto geschickter und sicherer kann sich ein Kind auf seinen Beinen bewegen.

Spaziergänge: gute Gelegenheiten für Gespräche

Keine Ablenkung und normalerweise keine unvorhersehbaren Ereignisse: Spaziergänge auf bekannten Strecken eignen sich gut für ungestörte Gespräche im Familienkreis. Weil die Spaziergänger konzentriert, ganz aufeinander angewiesen sind, entsteht oft eine intime Atmosphäre, in der sich gut reden lässt. Eltern und Kinder können die Themen aufgreifen, die ihnen im Kopf herumgehen, und sie ungestört und in aller Ruhe besprechen.

ELTERN-TIPP

Per Flugzeug unterwegs

Alter: ab 4 Jahre

Ein Spiel für Powerkids, die sich gerne gründlich austoben möchten. Geeignet für zwei oder auch mehr Spieler. Jeder mimt ein Flugzeug, breitet die Arme aus und „fliegt" kurvenreich kreuz und quer über eine Wiese. Die anderen „Flieger" folgen ihm. Ein erwachsener „Flugbegleiter" gibt die Strecke vor. Von Amsterdam nach München geht die Reise zum Beispiel oder von Madrid nach Berlin. Außerdem berichtet der Erste, was er unter sich sieht: „Einen Weiher mit Enten. Eine Weide mit Pferden. Eine Kirche …" Der Fantasie und dem Bewegungsdrang sind keine Grenzen gesetzt. Wenn die Flieger ihr Ziel erreicht haben, werden die Rollen getauscht. Wohin geht die Reise in der zweiten Runde?

Karlheinz

Alter: ab 5 Jahre <> **Material:** Taschentücher

Ein Spiel, bei dem es auf schnelles Reaktionsvermögen ankommt. Gespielt wird auf einem Waldweg – weit und breit sind keine anderen Spaziergänger zu sehen. Zwei Kinder entfernen sich von ihren Mitspielern, drehen sich aber immer wieder nach ihnen um. Die Mitspieler winken und wedeln ihnen mit einem Taschentuch hinterher und rufen abwechselnd oder gleichzeitig: „Karl" und „Heinz". Wird ein Taschentuch gesenkt, dann ruft das Kind, das die Veränderung zuerst wahrnimmt, laut „Karlheinz!", darf auf dem Absatz kehrtmachen und zurück zu den Mitspielern rennen.

Abenteuerspiele und außergewöhnliche Spielplätze in der Natur

Wiese, Wald und Wolkenbruch

Drückeberger

Alter: ab 5 Jahre

Links und rechts vom Waldweg, oft auch an den Waldrändern, findet man einladende Bänke, die man prima für eine Kraftprobe benutzen kann. Zwei Drückeberger setzen sich nebeneinander genau in die Mitte. Dann versucht jeder, den anderen von der Bank herunter zu drücken. Wenn die Bank sehr lang ist oder beide Drückeberger ungefähr gleich stark sind, kann das eine ganze Weile dauern.

Die Lupenexkursion

Alter: ab 4 Jahre ◇ **Material:** Lupe

In den meisten Haushalten gibt es irgendwo eine Lupe. Und wenn das Wochenende bis zum Auffinden der Lupe noch nicht vorüber ist, machen wir uns auf Entdeckungsreise nach winzigen, noch nie zuvor gesehenen Dingen. Am besten geht das natürlich auf einem Spaziergang im Park oder durch den Wald. Mit so einer Lupe kann man klitzekleine Spinnen beobachten, die Struktur eines Gänseblümchen-Blütenblattes studieren und jede Menge mehr. Die Entdeckungsreise ist so spannend, dass sich bestimmt nur die langweilen werden, die die Lupe gerade nicht benutzen können. Darum am besten gleich mit mehreren Lupen zur Exkursion aufbrechen.

Erfahren und Experimentieren

Feld, Wald und Wiese sind nicht nur brauchbare Spiel-, sondern auch herrliche Beobachtungsräume. Die Natur regt die Neugier von Kindern an und macht ihnen schnell klar: Mit der Natur müssen wir behutsam und achtsam umgehen. Sie fordert Kinder auf zu experimentieren, zu denken, zu fühlen, zu fragen. Überraschende, geheimnisvolle Dinge gibt es im Gras, zwischen Wurzeln, auf Baumrinde, zwischen Getreidepflanzen zu entdecken. Eltern können das Interesse unterstützen, indem sie viel und lange mit Kindern nach draußen gehen, sich Zeit nehmen, gemeinsam zu beobachten und sinnliche Erlebnisse zu sammeln: eine Schnecke, eine Knospe, die aufblüht, an frischem Heu schnuppern und Regentropfen mit der flachen Hand auffangen etc.

ELTERN-TIPP

Die Wiesenüberquerung

Alter: ab 5 Jahre

Ein Spieler kauert sich ganz klein auf die Wiese. Ein zweiter Spieler nimmt Anlauf, springt über diesen „Bock“ und kauert sich als zweites Hindernis etwa zehn Meter vom ersten entfernt auf den Boden. Dann kommt der dritte Spieler, springt über die beiden ersten „Böcke“ und bildet gleich das dritte Hindernis. So wird weiter gesprungen, bis kein weiterer Spieler mehr vorhanden ist. Jetzt ist der erste „Bock“ wieder an der Reihe. Er springt über alle lebenden Hindernisse vor ihm und kauert sich wiederum zehn Meter vom vordersten „Bock“ entfernt auf den Boden. Auf diese Weise wird – ungewöhnlich aber lustig – die ganze Wiese überquert.

Mein Lieblingsplatz

Alter: ab 5 Jahre <> **Material:** Taschenlampe

Jedes Kind sucht sich seinen ganz besonderen Lieblingsplatz in der Natur. Das kann die Ecke hinter der Regentonne sein oder ein Ort mit toller Aussicht auf den Kinderspielplatz. Man lässt sich den Lieblingsplatz vom Kind zeigen und nimmt gemeinsam alle Dinge, Geräusche und Gerüche bewusst wahr. Dann, am nächsten Wochenende, wird diesem Platz ein Nachtbesuch abgestattet. Mit Taschenlampe oder Laterne ausgerüstet, wird so eine Nachtwanderung besonders spannend. Wie fühlt man sich jetzt bei Dunkelheit an diesem Platz? Was hat sich verändert? Welche Geräusche fehlen, welche sind im Dunkeln deutlicher zu hören oder gar neu dazugekommen?

Mein Freund, der Baum

Alter: ab 4 Jahre

Ein Baum kann ein wunderbarer Freund sein. Im Sommer kann man in seinem Schatten sitzen und spielen oder träumen, man kann im Herbst die bunt gefärbten Blätter sammeln und pressen, die Früchte des Baumes, z. B. Kastanien oder Eicheln, sammeln und damit spielen und basteln. Das ganze Jahr über kann so ein einziger Baum Beobachtungsposten, Spielplatz, Schatten- und Trostspender sein. Man kann sogar, ganz im Geheimen, seinen Baum richtig lieb haben, denn wer einen Baum umarmt, spürt seine Lebenskraft und seine Stärke. Schön ist es auch, wenn sich Kinder ganz speziell um „ihren“ Baum kümmern. Die meisten Bäume brauchen mehr Wasser, als sie durch den Regen erhalten, und freuen sich über eine Gießkanne voll Extra-Wasser.

Draußen im Garten

Einen Sommertag im Garten genießen

An die frische Luft, ins Licht mit den Kindern

Dass frische Luft gesund ist, wissen alle. Deshalb sind in vielen Familien die Sonntagnachmittage im Garten oder die Ausflüge in den Wald besonders gefragt. Eltern und Kinder halten sich besonders gerne im Freien auf, wenn die Sonne zu sehen ist. (Aber bitte nicht mit kleinen Kindern in die pralle Sonne gehen!) Aber das Draußensein ist auch bei feuchtem, bei kühlem Wetter wichtig. Der Grund: Die frische Luft ist wichtig fürs Immunsystem, wichtig für die Atmung – für den ganzen Körper. Nicht nur die Luft, sondern auch das Licht ist gesund. Es regt die innere Uhr zu einer beschleunigten Gangart an, bringt neuen Schwung, weckt die Lebensgeister und ist damit Balsam für die Seele.

ELTERN-TIPP

Fünf rosa Feenwesen

Alter: ab 4 Jahre **Material:** rosa Bänder, Blätter

Zuerst werden fünf große, grüne Blätter gepflückt und aus den Blättern Gesichter gemacht: Jeweils zwei Löcher als Augen, einen Längsschlitz als Nase, einen Querschlitz als Mund vorsichtig in jedes Blatt reißen. Die Blätter dann in Feen verwandeln: Jedes Blatt mit einem rosa Band schmücken. Die rosa Feen anschließend im Garten verteilen und von Mitspielern suchen lassen. Gewinner ist, wer mehr Feen als seine Mitspieler aufgetrieben hat. Wer macht sich mit Geduld und Ausdauer an die Arbeit? Wer ist gut in genauem Hingucken, der beste Sucher?

Auf Käfersuche

Alter: ab 3 Jahre

Durch den Garten wandern und nach Käfern suchen. An Baumwurzeln und Baumstämmen nachschauen. Steine und Hölzer aufheben und nachsehen, was sich darunter verbirgt. Wenn mehrere mitspielen: Wer findet den dicksten oder den längsten Käfer? Wer entdeckt weitere Lebewesen? Und wer hat Lust, in einem Nachschlagewerk nachzuschauen, wie die Tiere heißen?
Ein Spiel, bei dem Kinder Ausdauer und Geduld zeigen, geeignet für Nachwuchs-Naturforscher.

Ritzebilder

Alter: ab 5 Jahre ◇ **Material:** Stöckchen

Ein Spiel für zwei. Der eine hält ein Stöckchen in der Hand und ritzt genau nach Vorgabe ein Bild in einen mit Kies oder Erde befestigten Gartenweg. Der andere Mitspieler dirigiert das Stöckchen mit Aufforderungen wie „Mehr nach unten. Stopp. Nach rechts. Stopp. Jetzt nach oben ...!" Wann erkennt der Zeichner, was er da eigentlich genau nach Angabe seines Mitspielers zustande bringt?
Ein Geschicklichkeitsspiel – gar nicht so einfach für Kinder, die noch ihre Schwierigkeiten mit RECHTS und LINKS haben, mit OBEN und UNTEN.

In vollem Blüten-Blätter-Schmuck

Alter: ab 5 Jahre ◇ **Material:** Blüten und Blätter

Alle Mitspieler betrachten den Jüngsten aus der Runde, der mit Blüten und Blättern geschmückt wurde. Sie versuchen, sich genau einzuprägen, wie er aussieht: Gänseblümchen im Haar, grünes kleines Blatt am Gürtel, grünes großes Blatt im Knopfloch, kleine rote Rose hinterm linken Ohr usw. Danach müssen alle Betrachter die Augen schließen. Der mit Blumen und Blättern Geschmückte verändert seinen Schmuck, tauscht Rose und Gänseblümchen aus, wechselt die grünen Blätter gegen farbige Blütenblätter aus. Danach dürfen seine Mitspieler die Augen wieder öffnen und die Veränderungen beschreiben. Wer hat das beste Gedächtnis und wer ist ein Meister des genauen Hinschauens?

Das grüne Geld

Alter: ab 4 Jahre ◇ **Material:** Blätter

Neun große, neun mittelgroße und neun kleine Blätter pflücken, die Blätter als Spielgeld benutzen und an drei Kinder austeilen. Mit dem Spielgeld können die Kinder zu Hause einkaufen gehen. Vorher müssen sie mit ihren Eltern die Preise aushandeln. Wie viel kostet ein Apfel – großes Blatt, mittelgroßes oder kleines? Wie viel ein Jogurt? Wie viel ein Keks? Wer kann gut um die Preise feilschen?
Ein Spiel für Kinder, die gerade das Zählen lernen und beginnen, sich für den Wert des Geldes zu interessieren.

Tischhöhle, Pappkamerad und Geisterbahn

In der Gruselhöhle

Alter: ab 5 Jahre **Material:** Decken, Tücher, Kissen

Einen Esstisch in eine Höhle umfunktionieren: mit Tüchern verhängen, die bis zum Boden reichen. Eine schmalen Spalt zum Rein- und Rausschlüpfen lassen. Den Raum unter dem Tisch mit Kissen und Decken auspolstern. Dann zu zweit oder dritt in der abgedunkelten Höhle hocken und Gruselgeschichten erzählen. Der Älteste beginnt zu erzählen – vielleicht so: „Es war einmal ein verwuzzelter, quittengelber Gnom mit spitzen knallroten Ohren und türkisfarbenen Augen, hundert Jahre alt, vielleicht auch älter. Der Gnom lebte zwischen glitschigen Steinen am Rande eines Gebirgsbaches ...“ Jetzt greift der Zweitälteste die Geschichte auf und führt sie fort. So wird die Geschichte reihum weiter und weiter erzählt, bis die Lust nachlässt.

Geisterbahn

Alter: ab 5 Jahre **Material:** Kissen, Decken, Taschenlampen, Laken, Luftballons, Stifte, Schnur, Schere, Kassettenrekorder, Wäscheklammern, Zeitung, Klebstoff, Bügel, Klamotten

Ein Kreativakt: Ältere Kinder verwandeln das Kinderzimmer in eine Geisterbahn: Sie hängen ein weißes Bettlaken über einen Stuhl samt Lehne und binden einen bemalten Luftballon als Kopf darüber, lassen Geistergeräusche (Wimmern, Ächzen ...) laufen, die sie auf Kassette aufgenommen haben, verzieren das Zimmer mit Zeitungspapier-Gespenstern, lassen gruselige Gestalten aus Klamotten, Kleiderbügeln und Luftballons entstehen usw. Später wird das Licht im Zimmer ausgeschaltet. Ein paar Taschenlampen spenden spärliches Licht. Dann dürfen jüngere Mitspieler die Mutprobe wagen und sich durch die Geisterbahn tasten.

Die Pappenheimer im Pappenheim

Alter: ab 5 Jahre <> **Material:** Pappkartons, Schere

Mehrere Kinder verschwinden von Kopf bis Fuß in großen Pappkartons, in die seitlich zum Rausgucken ein paar kleine Löcher geschnitten worden sind. Die „Pappenheimer" bewegen sich vorsichtig in ihren Pappenheimen auf einem Rasen hin und her. Drehen sich im Kreis, trippeln vorwärts, wieder rückwärts. Ein Kind ohne Karton versucht herauszufinden, wer sich unter welchem Karton versteckt. Wenn es richtig liegt mit seiner Annahme, werden die Rollen getauscht. Der Spaß ist mehr als ein Ratespiel, denn durch genaues Hinschauen und Beobachten ist oft schon an den Bewegungen zu erkennen, wer sich wo verbirgt.

Märchen sind wichtig für Kinder

Märchen vermitteln Kindern die Welt des Magischen, Fantastischen, Mystischen. Kleine Kinder fühlen sich dort sehr zu Hause. Für sie ist es eine Selbstverständlichkeit, dass Feen Prinzessinnen verzaubern, Tische tanzen und Katzen sprechen können. Märchen bringen andererseits Ordnung und Orientierung ins Leben. Alles ist klipp und klar in diesen Geschichten, schwarz oder weiß – nicht zu viele Zwischentöne, die kleine Kinder überfordern. Außerdem erweitern Märchen den Wortschatz, denn in Märchen lernen Kinder eine besondere Sprache, reicher als die Alltagssprache, kennen.

ELTERN-TIPP

Sonnenkönig

Alter: ab 5 Jahre <> Material: Sonnenschirm, Tennisbälle

Ein Spiel für drei oder vier. Es hilft bewegungsstarken Kindern, ihre Kräfte auf positive Weise loszuwerden. Vor allem Ballgefühl ist gefragt.
Zuerst wird einer aus der Gruppe auserwählt, den Sonnenkönig darzustellen. Der Sonnenkönig residiert unter einem Sonnenschirm, der mitten in einem Garten steht. Der Schirm ist sein Sonnenschloss. Der König darf sein Schloss, den Radius des Schirms, nicht verlassen. Alle anderen stehen im Kreis um den Sonnenschirm herum und versuchen einer nach dem anderen, den Sonnenkönig aus seinem Schloss zu vertreiben – das heißt, ihn mit Tennisbällen abzuwerfen. Wenn er ihn fängt, kann ihm der Ball nichts anhaben. Wenn er abgeworfen wird, muss er die Rolle mit demjenigen tauschen, der ihn abgeworfen hat.

Wen haben wir denn da?

Alter: ab 4 Jahre <> **Material:** zwei Wäscheleinen, zwei Bettlaken, Wäscheklammern

Parallel und in geringem Abstand zwei Wäscheleinen quer durch den Garten spannen. Dann werden mit vielen Wäscheklammern auf gleicher Höhe zwei Bettlaken an den Leinen befestigt, die bis zum Boden reichen. Danach wandern zwei bis drei Spieler zwischen den Laken hin und her. Zwei weitere gehen außen um die aufgehängten Laken herum. Wenn der Jüngste unter ihnen „stopp" ruft, müssen die, die innen hin und her marschieren, auf der Stelle stehen bleiben und sich durch den Stoff von ihren Mitspielern, die sich außen befinden, abtasten lassen. Wer zuerst herausfindet, wen er vor sich hat, darf in der nächsten Runde nach innen wechseln.
Ein Spiel, das das Tastgefühl fördert und die Wahrnehmungsfähigkeit schult.

Mit Geschick und viel Fantasie Spielzeuge basteln

Flügelkuh und Grinseaffe – Erfindungen machen

Keine Zeit für Kinder?

Zugegeben, es ist nicht einfach, Beruf, Familie, Haushalt, Freunde, Hobbys, Verwandte und alles andere unter einen Hut zu bringen. Aber was nützt der höfliche Besuch bei Verwandten, wenn man dabei ein schlechtes Gewissen hat, dass wieder keine Zeit bleibt, mit dem Jüngsten Fußball zu spielen oder sich endlich mal in Ruhe der Tochter zu widmen? Es gibt nur eine wirkliche Hilfe: Sagen Sie Nein! Sagen Sie Nein, wenn Freunde, Nachbarn und Verwandte auch an diesem Wochenende kommen oder sich im Ausrichten diverser Feiern übertreffen wollen. Klar, so wahnsinnig sinnvoll erscheint es auf den ersten Blick nicht, mit einem Dreijährigen am Feldweg zu sitzen und kleine Steinchen zu betrachten. Es sind aber immer die Details, die ein erfülltes Familienleben ausmachen und ein Kind in seiner Entwicklung fördern – die Augenblicke der klitzekleinen Sensationen, das Innehalten und Staunen über die einfachsten Dinge.

ELTERN-TIPP

Ein Ungetüm zu Gast

Alter: ab 5 Jahre ◇ **Material:** deckelloser Karton (größer als ein Kinderkopf), Seifenblasenfläschchen, Schere, Tuschkasten, Pinsel, Glas mit Wasser

Auf den Karton den Kopf eines wüsten Ungetüms mit großem Maul malen. Das Maul ausschneiden (das macht eventuell ein Erwachsener). Nun den Karton mit dem Kopf des Ungetüms wie eine Maske über den Kopf ziehen und dann durch das Maul Seifenblasen von innen nach außen pusten.

Die Monsterfamilie

Alter: ab 5 Jahre <> **Material:** Salzteig, Pinsel, Deckweiß, Tuschfarben, Wasserglas, Schüssel, Löffel

Zutaten für den Salzteig: eine Tasse Mehl, eine Tasse Salz, zwei El Öl, warmes Wasser.

Zuerst wird ein Salzteig hergestellt: Die angegebenen Zutaten mit warmem Wasser verrühren, bis ein fester Teig entsteht. Den Teig gründlich kneten, dann Monster daraus kneten – kleine, fette oder staksige, lange oder große, knuddelige. Die Monsterfamilie etwa zwei Stunden lang im Backofen bei 75 °C trocknen. Später Deckweiß mit Tuschfarben mischen und die Monster anmalen. Wie lasse ich Monstermutter, Monstervater, Monsterkinder aussehen?

Ein Spiel, das die Fantasie beflügelt und spielerisch die Feinmotorik übt.

Besuch für Lilo

Alter: ab 5 Jahre <> **Material:** Zeichenpapier, Filzstifte, Klebeband, Schere, zwei Pingpongbälle

Eine Bastelei, die feinmotorisches Geschick und die Lust erfordert, ein paar Minuten bei ein und derselben Sache zu bleiben.

Zuerst auf die beiden Pingpongbälle mit Filzstiften fröhliche Gesichter malen. Dann ein kinderhandgroßes Mädchen auf Papier zeichnen und ausschneiden. Das ist Lilo. Eine Schlaufe aus Klebeband auf der Rückseite der Figur befestigen, die Figur an der Wand auf den Boden stellen und mit der Klebebandschlaufe an der Eckleiste befestigen. Hier steht nun Lilo und wartet auf Besuch. Die zwei Pingpongbälle, die zu Besuch kommen wollen, auf Lilo zutrudeln lassen. Treffen oder verpassen sie Lilo?

Königskinder auf Reisen

Alter: ab 5 Jahre <> **Material:** zwei Streichholzschachteln, Zeichenpapier, Farbstifte, Schere, dünner Bindfaden, Klebstoff

Eine daumenlange Prinzessin und einen daumenlangen Prinzen auf Papier zeichnen und ausschneiden. Auch die Rückseiten bemalen. Die Figuren in der Mitte knicken. Dann zwei Streichholzschachteln mit Papier bekleben und rundum bunte Muster zeichnen. Prinz und Prinzessin auf die beiden Schachteln kleben. Zum Schluss an jeder Schachtel einen langen Bindfaden befestigen: vorne jeweils ein Loch in die Pappe bohren, durch die Löcher das verknotete Ende eines langen Bindfadens schieben. Dann zu zweit spielen: Die beiden „Kutschen" mit den Königskindern auf glattem Boden um die Wette zu sich heranziehen – aber so, dass die Schachteln auf dem Boden bleiben. Wer wickelt den Bindfaden schneller auf?

Der Klappermann

Alter: ab 4 Jahre <> **Material:** Luftballon, Zeitungspapier, Klebstoff, Deckfarben, Pinsel, Glas mit Wasser, Linsen, Bindfaden

Eine einfache Sonntagsbastelei, die auch schon kleine Kinder mithilfe Erwachsener bewältigen können. Viele Linsen in einen Luftballon füllen. Den Ballon aufblasen und zubinden. Dann Zeitungspapier in Streifen reißen und in vielen Schichten rund um den Ballon kleben. Den Ballon danach mit Deckfarbe bemalen und der Kugel ein Gesicht mit breit grinsendem Mund geben. Den Klappermann anschließend an einen langen Bindfaden knüpfen und klappernd auf- und abhüpfen oder nach Musik tanzen lassen.

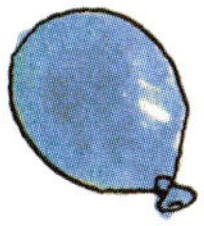

Mal doch mal!

Gemeinsam malen und dabei viel erzählen

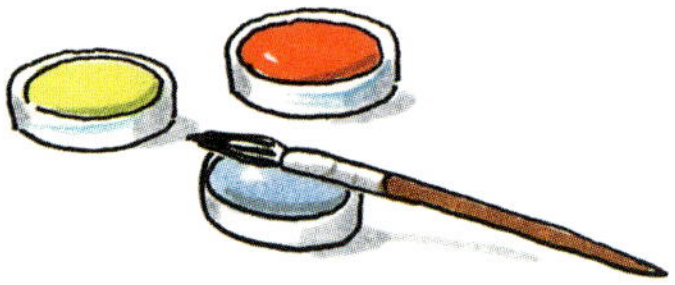

Doppelte Fadenbilder

Alter: ab 5 Jahre ◇ Material: Schnur oder Bindfaden, Schere, Wasserfarben, Pinsel, Glas mit Wasser, Papier

Ein in Wasserfarbe getauchter Wollfaden oder ein Stück Schnur wird auf ein Blatt Papier gelegt und mit einem zweiten Blatt abgedeckt. Während man jetzt ein Ende des Fadens greift, presst man mit der anderen Hand das obere Blatt auf das untere und zieht den Wollfaden zwischen den beiden Blättern heraus. Aufklappen und staunen: Fertig ist das Kunstwerk!

Die Kunstgalerie

Alter: ab 4 Jahre ◇ **Material:** Zeichenpapier, Stifte, Wasserfarben, Glas mit Wasser, Pinsel, Leine, Büroklammern

Werden auf dem nächsten Familienfest mehrere Kinder erwartet, so richtet man zum Beispiel im Kinderzimmer ein Künstleratelier ein, das mit Zeichenpapier und vielen verschiedenen Stiften, Wasserfarben usw. ausgestattet wird. Während die Großen sich unterhalten, malen die Kleinen fleißig. Die Bilder hängt man am besten mit Büroklammern an eine Wäscheleine, die quer durchs Künstleratelier gespannt ist. Schließlich findet die offizielle Eröffnung der Ausstellung statt und die Besucher haben Gelegenheit, mit den Künstlern über ihre Werke zu sprechen, bevor sie dann das eine oder andere Bild ersteigern dürfen.

Bitte nicht übertrieben loben

Wasserfarben, Filzstifte, Bleistift und ein ungestörter Sonntagnachmittag – manchmal ist das alles, was Kinder zum Glücklichsein brauchen. Selbstversunken kritzeln und pinseln sie vor sich hin, lassen ihre Fantasie lebendig werden – bunt und eigen. Am besten malen und zeichnen Kinder, wenn sie unbeobachtet sind. Erwachsene, die Noten verteilen à la „Das ist aber ein schönes Bild!“ sind ihnen ein Graus. Deshalb sollten sich Eltern weitgehend zurückhalten, sich darauf beschränken, neue Stifte oder Farben zu empfehlen. Hinterher, wenn das Bild fertig ist, dürfen sie Anerkennung zollen, denn Lob lässt Flügel wachsen. Aber bitte im rechten Maße loben. Wer mit übertriebenem Lob kommt, wird auch schon von kleinen Kindern nicht ernst genommen. Wenn Erwachsene dosiert nachfragen, Interesse zeigen, für eine anregende Umgebung sorgen, fördern sie die Malfreude ihres Kindes am besten.

ELTERN-TIPP

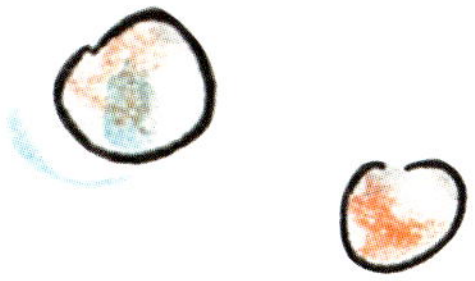

Steinbilder

Alter: ab 4 Jahre ◇ **Material:** Kieselsteine

Mit schönen Steinen kann man auch malen oder besser gesagt Bilder legen. Im nassen Sand oder auf einem noch nicht bepflanzten Beet geht das am besten. Die Motive oder Figuren hängen zuerst ganz davon ab, wie die Steine aussehen. Aber wer sie sich ganz genau ansieht, dem fällt bestimmt gleich was ein, vielleicht „Steinzeitblumen“ oder ein „Saurier beim Mittagsschlaf“ …

Tipp: Steine und Holz sind sehr geduldig und eignen sich prima dazu, von Kindern bemalt zu werden.

Seifenblasen-Bilder

Alter: ab 4 Jahre ◇ **Material:** Seifenblasen, weißes Papier, Tesafilm, Lebensmittelfarben

Zuerst werden im Freien die Papierbögen nebeneinander, z. B. am Gartenzaun, mit Tesafilm befestigt. In jedes Döschen Seifenblasenflüssigkeit mischt man ein paar Tropfen einer Lebensmittelfarbe und rührt mit dem Blasestäbchen gut um. So, jetzt kann die künstlerische Arbeit beginnen! Einfach das Blasestäbchen in die Flüssigkeit tauchen und so pusten, dass die Seifenblasen auf dem Papier zerplatzen. Nach und nach entstehen auf diese Weise die tollsten Muster. Die fertigen Bilder kann man – nach entsprechender Bewunderungszeit – auch prima als Geschenkpapier benützen. Ein Erfolgserlebnis vor allem für kleinere Kinder, die selbst ganz erstaunt sind über die Wirkung ihrer Seifenblasenbilder.

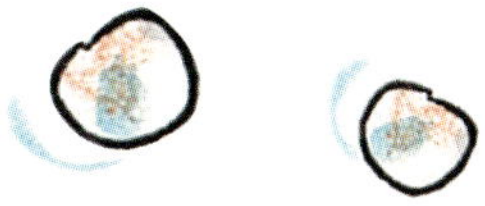

Geschichten hören und malen

Alter: ab 4 Jahre ◇ **Material:** Vorlesebücher, Papier, Stifte

Geschichten vorlesen scheint ein bisschen aus der Mode gekommen zu sein. Dabei würden Kinder eine gemütliche Geschichtenrunde fast immer sogar dem Fernsehen vorziehen. Verregnete Sonntage eignen sich ideal zum Geschichtenhören und -malen. Holen Sie ein altes Märchenbuch aus dem Regal oder ein Kinderbuch, das Sie selbst gerne gelesen haben, bereiten Sie sich und der Kinderschar eine kleine Malecke vor und dann geht es los. Legen Sie beim Vorlesen hin und wieder eine kleine Pause ein und fragen Sie die Kinder, wie die Geschichte wohl weitergehen wird. Das regt die Fantasie der kleinen Zuhörer noch zusätzlich an. Übrigens: Noch interessanter als die Geschichten von den Gebrüdern Grimm oder Astrid Lindgren sind die selbst erlebten oder erfundenen!

Heute ist mein Lieblings-tag!

Besonderheiten, für die sonst keine Zeit ist

Woher die besonderen Talente?

Erstaunlich, was manches Powerkid zustande bringt: Wunderbare Bilder und erstaunliche Bastelwerke bringt es aus dem Kindergarten mit nach Hause, und musikalisch ist das Kind auch noch. Kein Wunder, dass die Eltern stolz auf ihren talentierten Nachwuchs sind. Von wem hat das Kind diese Fähigkeiten? Sind ihm seine Talente in die Wiege gelegt wie Augen- und Haarfarbe? Diese Frage lässt sich nicht eindeutig beantworten – immer noch nicht. Sicherlich wird die Basis für die Entwicklung besonderer Talente vererbt, sie können sich aber nur entfalten, wenn sie gezielt gefördert werden. Vom Babyalter an brauchen Kinder deshalb ein Umfeld, das ihre Fähigkeiten entdeckt, zulässt und fördert.

ELTERN-TIPP

Die etwas andere Kinderparty

Alter: ab 5 Jahre

Kinder, die in näherer Nachbarschaft wohnen, können gemeinsam ein ganz außergewöhnliches Fest feiern. Beispielsweise beginnt das Fest bei Philipp im Garten. Dort wartet man, bis alle Kinder versammelt sind. Dann wird gemeinsam gespielt und vielleicht Kakao getrunken und Kuchen gegessen. Danach laufen alle Kinder zusammen zu Carolyns Haus, wo ein Spiel auf die kleinen Gäste wartet. Carolyns Mutter hat vielleicht Pappmachée zum Basteln oder ein Stück Tapete, das von allen Kindern gemeinsam bemalt wird, vorbereitet. So gehen die Kinder von Haus zu Haus, bis sie schließlich im Haus des letzten Kindes angekommen sind, wo ein gemeinsames Abendessen stattfindet, die Kinder sich verabschieden und schließlich mit Laternen zu ihren Familien zurückkehren.

Minigolf im Garten

Alter: ab 5 Jahre ◇ **Material:** Schachteln, Dosen, Schere, Messer, alte Ordner, alte Schüsseln, Papprohren, alter Teppichboden, Regenschirme, Spazierstöcke, Golfbälle, Zeitungen, Tesafilm, Stift, Zettel

Um eine kleine Minigolfanlage im Garten zu bauen, braucht man Ruhe, Fantasie und Zeit. Ein Wochenende bietet sich da natürlich an. Es ist gar nicht einfach zu sagen, was lustiger ist, das Aufbauen und „Erfinden" einer Minigolfanlage oder das Spielen selbst.

Zuerst begrenzt man den Minigolfplatz und überlegt, wie viele „Löcher" die Anlage haben soll. Schließlich hebt man die Löcher aus – jedes etwas größer als der Ball, mit dem man zu spielen gedenkt. Dann ist Fantasie gefragt. Mit Schachteln und Dosen kann man Hindernisse aufbauen. Alte Ordner dienen als „Sprungschanze", alte Schüsseln als Auffangschalen. Aus halbierten Papprohren kann man ausgezeichnet Tunnels basteln, und Streifen von alten Teppichböden dienen als Belag der Rollbahnen. Zum Spielen schließlich werden umgedrehte Regenschirme oder Spazierstöcke zum Schlagen der Bälle benutzt. Aber auch Papprohren (zum Beispiel von Alufolie) eignen sich bestens als „Kinderschläger". Wer keine „Golfbälle" aus Gummi oder Plastik auftreiben kann, knüllt sich einfach Zeitungsbälle und klebt mehrere Streifen Tesafilm drum herum. Zur Not lässt es sich aber auch mit Kastanien, Kartoffeln, Murmeln oder Tannenzapfen spielen.

Ist die Anlage aufgebaut, stehen die Spielutensilien und die Familienmitglieder bereit, dann erhält der Spielführer noch einen Stift und einen Zettel, auf dem er während des Spiels notiert, wie viele Schläge ein Spieler braucht, um seinen Ball ins jeweilige Loch zu befördern.

Tipp: Eine Schlechtwetter-Minigolfanlage im Haus macht übrigens genauso viel Spaß.

Ich möcht' gern mal wer anders sein …

Alter: ab 5 Jahre ◇ **Material:** Verkleidungskiste

Jedes Familienmitglied hat 15 Minuten Zeit, sich so verrückt wie möglich anzuziehen und dann im Wohnzimmer zu erscheinen. Wenn die Kleiderschränke nicht ausreichend Fundus für eine Verkleidung „im letzten Schrei" bieten, kann man zusätzlich noch die Kiste mit den Faschingskostümen und -perücken plündern. Besonders spannend wird es, wenn jedes Kind einen Freund oder eine Freundin zum Abendessen einladen und sich gemeinsam mit dem erwählten Besucher verkleiden darf. Alle „Sonderlinge" nehmen dann am großen Familientisch Platz zu einem ziemlich ausgeflippten Abendessen.

Am Lagerfeuer

Alter: ab 3 Jahre ◇ **Material:** Streichhölzer, Kerze mit Kerzenständer

Kurz vor dem Schlafengehen setzt sich die ganze Familie im Kreis auf den Boden um eine Kerze herum. Der Raum ist verdunkelt, nur das Feuer in der Mitte gibt uns ein bisschen Licht. Gemeinsam erinnern sich alle an möglichst viele Einzelheiten, die sie an diesem Wochenende erlebt haben. Die Erwachsenen sorgen durch ihre Sprechweise dafür, dass langsam und ruhig erzählt wird. Am Schluss geben sich alle die Hand. Einer drückt die Hand seines rechten Nachbarn und dieses geheime Signal wird lautlos von Person zu Person weiter gegeben. Ist das Signal wieder beim Ersten angekommen, löscht er das Lagerfeuer und sagt: „Gute Nacht!"

Wenn Sonntagsbesuch kommt

Spiele für gute Laune und mit Lerneffekt

Darf ich vorstellen

Alter: ab 5 Jahre ◇ **Material:** Kassettenrekorder

Für alle Kinder gedacht, die neugierig sind, gerne quasseln und frühzeitig darauf erpicht sind zu lernen, wie man mit technischen Geräten umgeht.

Einer geht von einem Familienmitglied zum anderen und interviewt ihn mit Fragen wie: „Wo kommen Sie her? Was erwarten Sie von dieser Veranstaltung? Wen kennen Sie, wen kennen Sie noch nicht?" Alle Fragen und Antworten mit dem Kassettenrekorder aufnehmen. Die Interviews später abspielen.

Dornröschens Schloss

Alter: ab 5 Jahre ◇ **Material:** Papier, Schere, Klebstoff, bunte Stifte

Für Powerkids, die zwischendurch gerne träumen, ihre Fantasie schweifen lassen und Freude am Zeichnen haben.

Aus Papier einen kuchenhohen Streifen schneiden. Mehrere Streifen aneinander kleben. Auf den Papierstreifen ein Märchenschloss zeichnen mit hohen Rundbogenfenstern, Rosenranken und einem großen Garten, mit Torbögen und Zinnen. Aus dem Streifen dann einen Ring kleben, der als Manschette rund um eine Obsttorte gestellt wird.

Tischkarten-Puzzle

Alter: ab 5 Jahre ◇ **Material:** runde Bierdeckel, weißes Papier, Schere, Klebstoff, bunte Stifte

Bei der Vorbereitung lernen Kinder, mit Schere, Klebstoff und Stiften umzugehen, später beim Spielen ist ihr Köpfchen gefragt.

Für jeden Mitspieler wird eine Tischkarte gefertigt: Einen Bierdeckel beidseitig mit Papier bekleben. Dann das Papier auf Deckelgröße zurechtschneiden. Auf jeden Deckel den Namen eines Gastes schreiben (macht ein Erwachsener). Mit bunten Stiften verschiedene Muster auf die Deckel zeichnen. Kein Muster sollte sich wiederholen. Aus einer Zeitschrift ein attraktives Bild reißen. Das Bild in so viele Teile zerschneiden wie Tischkarten hergestellt wurden. Unter jeder Bierdeckel-Tischkarte ein anderes Bildteil verstecken. Nun rätseln alle: Welches Teil gehört wohin? Aus den Bildteilen wird das große Bild zusammengepuzzelt.

Rennfahrt mit dem Silberschlitten

Alter: ab 4 Jahre ◇ **Material:** zwei Tortenheber und zwei Fruchtstücke oder Früchte (zum Beispiel zwei Erdbeeren)

Gespielt wird auf einem mit Tischdecke belegten, rechteckigen Tisch. Zwei Spieler treten zum Wettkampf an. Jeder hat die Hand am Griff eines Tortenhebers, der auf dem Tisch liegt. Auf dem Tortenheber: eine Frucht oder ein Fruchtstückchen. Auf „los“ schieben die beiden Kämpfer ihren Tortenheber um die Wette über den Tisch, immer an der Längsseite entlang. Gewinner ist, wer zuerst ans Tischende gelangt, ohne die Frucht zu verlieren. Hier ist Feingefühl und Geschick gefragt. Nicht zu schnell, nicht zu langsam kurven – wer kann das richtige Tempo wählen?

Voneinander lernen, sich anspornen

Wer gern malt, tanzt, lacht, singt, denkt, wer gut mit anderen klarkommt, sein Umfeld an den eigenen Gedanken und Gefühlen teilhaben lässt, fühlt sich in der Regel ziemlich gut. Die Anerkennung, die ein Kind erntet, wenn es die Dinge des Lebens gut meistert, steigert sein Selbstwertgefühl. Die meisten Powerkids machen diese wichtige Erfahrung. Sie entwickeln sich zu Persönlichkeiten mit einem großen Repertoire, aus dem sie immer wieder neue Impulse und Energien schöpfen. Eltern bewundern diese „Sonnenkinder“ nicht nur, sondern können davon profitieren, sich von der Lebenslust anstecken und bereichern lassen.

ELTERN-TIPP

Tassenlotto

Alter: ab 4 Jahre ◇ **Material:** Würfel, Tassen, kleine Überraschungsgeschenke

Auf einem Tisch einen Kreis aus möglichst vielen Tassen aufbauen. Die Tassen umstülpen. Unter jeder Tasse eine Überraschung in Miniformat verstecken, zum Beispiel einen Kaugummi, einen Keks oder ein Witzbild aus der Zeitung. Einen Startpunkt bestimmen. Der jüngste Spieler würfelt nun zuerst. Würfelt er eine Zwei, darf er vom Startpunkt aus zwei Tassen weiterzählen, die umgestülpte Tasse umdrehen und sich das herausnehmen, was darunter versteckt war. Dann wirft der Nächste und zählt weiter. Die umgedrehten Tassen werden immer mitgezählt. Wer eine Fünf wirft, muss noch einmal würfeln. Wer eine Sechs wirft, muss aussetzen. Sind alle Tassen aufgedeckt, endet das Spiel.

Kraftvolle Kinder und ihre Verwandtschaft

Spiele zum Kennenlernen und Staunen

Verwandtschaft am Stiel

Alter: ab 4 Jahre <> **Material:** Familienfotos, Holzspatel, Klebstoff

Von jedem Familienmitglied, einschließlich Tante Berta und Goldfisch Alexander, wird ein Ganzkörperfoto geknipst. Jedes Foto wird dann auf eine Holzspatel geklebt – fertig ist die „Verwandtschaft am Stiel". Das Kind darf mit den Pappverwandten spielen, streiten und all die Situationen nachspielen, die es so in der Familie erlebt.
Hören Sie aufmerksam zu! Man kann als Erwachsener viel über das Kind und dessen Familienempfinden erfahren. Vielleicht spielen Sie auch ein bisschen mit?

Wie war das damals?

Alter: ab 4 Jahre <> **Material:** alte Familienfotos

Einen ersten Begriff von längst vergangener Zeit bekommt das Kind durch Erzählungen seiner Eltern und Großeltern über vergangene Ereignisse, am besten dokumentiert durch alte Fotos. Aber auch ein Besuch in einem (nicht allzu edlen) Antiquitätengeschäft verschafft dem Kind deutliche Eindrücke von „damals". Alte Uhren, alte Kaffeemühlen, ein alter Herd können bestaunt und mit entsprechenden Dingen unserer Zeit verglichen werden. Sehr eindrucksvoll kann auch der Besuch eines Freilichtmuseums sein, das die Lebensweise früherer Generationen veranschaulicht. Vielleicht besitzt man auch noch ein Foto der Urgroßeltern und anderer Verwandter und kann auf diese Weise Geschichte lebendig werden lassen, wenn man gleichzeitig von diesen Familienangehörigen erzählt.

Die Familienfeier

Eine Familienfeier kann für ein kleines Kind (und seine Eltern) überwältigend und erschreckend sein. Eine gute Möglichkeit, das Kind auf die bevorstehende Feier vorzubereiten, besteht darin, die kommenden Ereignisse mit Kuscheltieren und Puppen mehrmals durchzuspielen. Zeigen Sie dem Kind Fotos der erwarteten Personen und erzählen Sie ihm etwas über die Tanten und Onkel, ihre Vorlieben und Besonderheiten, aber wecken Sie dabei keine Erwartungen!
Jedes Familienmitglied – auch schon ein Kindergartenkind – kann einen Teil der Festvorbereitungen übernehmen. Für ein Kind ist dieses Mithelfen ganz wichtig. So kann es vielleicht die Servietten falten, das Besteck abzählen, einen Blumenstrauß pflücken, Tischkärtchen verzieren usw.

ELTERN-TIPP

Von Onkeln, Tanten und anderen Verwandten

Alter: ab 5 Jahre

Ein Quiz, zugeschnitten auf das Kind, seine Familie und den Freundes- und Bekanntenkreis, erhöht das Denkvermögen, übt Konzentration und Gedächtnis und macht Spaß. Da werden dann Fragen gestellt, wie zum Beispiel: „Wie heißt die Tochter von Onkel Hans?" „Wie heißt der Hund von den Brauns?" „Welche Farbe hat Tante Astrids Telefon?" „Wie heißt der Mann von Papas Schwester?" „Welche Farbe hat Omas alter Sonnenschirm?"

Fotoerinnerungen

Alter: ab 3 Jahre <> **Material:** Fotoalben

Ein kalter, regnerischer Sonntag ist ideal für ein gemütliches Zusammenkuscheln und Schmökern in alten Fotoalben. Kinder lieben es, die alten Bilder immer wieder anzuschauen und dazu die längst bekannten, aber doch so wunderschönen Geschichten von damals zu hören. Ganz besonders interessant wird es, wenn Oma und Opa zu Besuch sind und ihre alten Fotoalben mitbringen. Die Geschichten von früher sind für die Kinder der beste Einstieg in die Geschichte, weil sie von den Großeltern so spannende Dinge hören, wie viel zum Beispiel ein Brötchen gekostet hat, welche Schule die Oma besuchte, welche Schwierigkeiten es mit den Lehrern von damals gab und ganz besonders gerne hört man, wie ungezogen (faul, frech ...) die eigenen Eltern einmal waren. Es kommt halt alles irgendwann wieder ans Licht ...

Von Generation zu Generation

Alter: ab 5 Jahre <> **Material:** Stück Holunderholz, Gänseblümchen, Blätter, Papier, Schere

Wer kann auf zwei Fingern pfeifen, ein Pfeifchen aus einem Stück Holunderholz schnitzen, eine Riesenblase mit seinem Kaugummi fabrizieren, ein Kränzchen aus Gänseblümchen oder Blättern basteln, ein Schiffchen aus Papier falten? Solche und viele weitere Kunststücke werden am besten am Wochenende in aller Ruhe von den Großeltern, Tante und Onkel an die Kinder weitergegeben. Natürlich nicht alles auf einmal, sondern immer wieder mal etwas Neues. Auf diese Weise freuen sich die Kinder bestimmt auf den nächsten Sonntagsbesuch.

Ein Sonntag der Rekorde

Talentschuppen und Rekordschmiede „Familie“

Vorsicht, Zwilling

Alter: ab 5 Jahre ◇ **Material:** Würfel, Zettel, Stift

Für dieses spannende Spiel braucht man einen Spielwürfel, einen Zettel, einen Stift und sehr gute Nerven! Alle Spieler sitzen im Kreis. Der erste Spieler würfelt so oft er will und zählt dabei die erwürfelten Augen zusammen (evtl. mit Hilfe). Sollte aber eine Würfelzahl zum zweiten Mal erscheinen, sind alle bisher erreichten Punkte verloren und der nächste Spieler ist an der Reihe. Es heißt also, bescheiden sein und rechtzeitig den Würfel weitergeben. In diesem Fall wird die Summe notiert und zu den Ergebnissen der nächsten Runden hinzugezählt. Es gewinnt, wer zuerst auf diese Weise 100 Punkte erreicht oder wer bei einem Durchgang die Nerven behält und die höchste Summe erreicht.

Turmrekorde

Alter: ab 4 Jahre ◇ **Material:** Bauklötze, Cent-Stücke, Streichholzschachteln, Pappbecher, Würfel, Klopapierrollen, Maßband

Zum Bau eines möglichst hohen Turmes gehört Fingerspitzengefühl, Geduld und eine Menge Konzentration. Gebaut werden kann der Turm aus allen möglichen Dingen, z. B. Bauklötzen, Cent-Stücken, Streichholzschachteln, Kartons, Pappbechern, Würfeln, Klopapierrollen und vielem mehr. Ab und zu hält man ein Lineal oder ein Maßband an den Turm, um nachzumessen, wie hoch er schon ist. Die Rekordergebnisse werden notiert und natürlich versucht man, das Ergebnis nach dem Einsturz mit einem neuen Turm noch zu überbieten!

Schätz' doch mal!

Alter: ab 5 Jahre ◇ **Material:** Stift, Zettel

– Wie viele Gummibärchen befinden sich in der Tüte?
– Wie viele Bücher stehen nebeneinander in diesem Regal?
– Wie viel wiegt das gefüllte Limoglas?
– Wie viele Sockenpaare befinden sich in Milas Sockenschublade?
– Um wie viel Uhr (Stunde und Minute) kommt der Briefträger?

Solche und ähnliche Rätsel gilt es jetzt zu lösen. Die Tipps der Spieler werden notiert. Wer mit seiner Schätzung der Wahrheit am nächsten ist, bekommt einen Punkt. Wer davon am Abend die meisten hat, darf sich vielleicht noch ein allerletztes Spiel wünschen, bevor es ins Bett geht.

Verrückte Ideen nicht stoppen

Eltern neigen bisweilen dazu, ihr Kind danach zu beurteilen, wie gut es ihre Erwartungen erfüllt – gerade und auch ein Thema bei Powerkids, die das Leben couragiert anpacken. Mancher Erwachsene wittert hier seine Chance, ehrgeizige Projekte zu verwirklichen: „Schließlich hat das Kind das Zeug dazu, BESONDERES zu leisten!" Ist dieses BESONDERE dann aber nicht nach ihrem Gusto, bringt das BESONDERE Chaos und Risiko mit sich, sind viele schnell dabei, die Ideen als totalen Quatsch, als unausgegorenes Zeug abzustempeln. Kreativität ja, aber bitte auf genehme Weise, heißt die Devise. Wer Kindern zu viele Vorschriften macht, vermasselt ihnen leicht die Freude an ihrem Einfallsreichtum, statt ihre Kreativität zu fördern.

ELTERN-TIPP

Rekordverdächtig

Alter: ab 5 Jahre ◇ **Material:** Stoppuhr oder Uhr mit Sekundenzeiger

Wer eine Uhr mit Sekundenzeiger hat oder sich zumindest eine borgen kann, dem wird es nicht so schnell langweilig. Der kann nämlich z. B.

– seinen persönlichen Rekord im Ein-Bein-Stehen aufstellen
– nachmessen, wie lange er die Luft anhalten kann,
– den Rekord im Schnellsingen von „Alle meine Entchen" aufstellen

oder vieles andere. Wer meint, alle Rekorde aufgestellt zu haben, beginnt von vorne, in der Absicht, die eigenen Rekorde in der zweiten Runde zu überbieten.

Der Tag der Rekorde

Alter: ab 4 Jahre ◇ **Material:** Heft, Stift

Am „Tag der Rekorde" stellt man mit seiner Familie oder/und den Freunden möglichst viele lustige Rekorde auf. Wer kann am längsten auf einem Bein hüpfen? Wer verdrückt beim Mittagessen die meisten Pfannkuchen? Wer wirft Opas Gummistiefel am weitesten? Usw. Die Rekorde werden in einem kleinen Heftchen notiert, mit Namen der Mitspieler und Datum versehen. Am nächsten „Tag der Rekorde" versuchen dann alle, die aufgestellten Rekorde noch zu überbieten.

Aktionen, die die Stimmung heben

Spannendes Sonntags-picknick

Blubbermonster

Alter: ab 5 Jahre <> **Material:** Trinkhalme, Schere, Klebeband, bunte Stifte, Papier

Ein kreatives Vergnügen für alle, die gerne zeichnen. Auf Papier ein daumenlanges, komisch-gruseliges Monster zeichnen. Wie soll's aussehen – giftgrün oder eher lila? Ein oder je nach Kinderzahl mehrere andere Monster daneben zeichnen. Alle Monster ausschneiden. Auch die Rückseiten der Ungeheuer bemalen. Die Monsterfiguren dann mit Klebeband jeweils an einem Trinkhalm befestigen und fürs Picknick einpacken.

Das Sonnenspiel

Alter: ab 5 Jahre <> **Material:** Schere, gelber Filz

Eine echte Herausforderung, wenn kleine, vielleicht noch etwas ungeschickte Hände aus einem gelben Filzlappen einen Kreis schneiden sollen – frei aus der Hand. Aus dem gelben Kreis soll dann eine Sonne werden: Rundum viele Zacken in den Rand schneiden. Später beim Picknick ist dann die Vorstellungskraft gefordert: Die gelbe Sonne wird ins Gras gelegt, alle Spieler sitzen auf dem Boden drum herum. Der jüngste Spieler zeigt auf den ersten Zacken und wird von einem Spielleiter gefragt: „Wohin soll dieser Sonnestrahl scheinen?" Reihum bescheinen nun die Zacken Gegenden, Menschen oder Tiere, die von den Anwesenden genannt werden.

Spiele: die Würze beim Picknick

Wer ein Picknick veranstaltet, muss heute einiges bieten, damit Freude aufkommt. Stimmt das? Eins ist klar, ein ganz normales Picknick mit Apfelsaftschorle und belegten Brötchen wird schnell als „laaangweilig!“ abgetan. Die Ansprüche sind gewachsen. Sollten Eltern darauf eingehen? Ja, aber … Sicherlich müssen, sollten sie beim Picknick nicht mit McDonald's gleichziehen und Wunderdinge auftischen. Aber eine besondere Würze sollte schon sein: Spiele sind immer noch das beste Mittel gegen Langeweile und Überdruss. Gute Spiele überzeugen jedes Kind – auch in unseren coolen Zeiten.

Ein Tipp: Turbulente und ruhigere Spiele sollten einander abwechseln.

ELTERN-TIPP

Picknick-Kaiser oder Picknick-Kaiserin

Alter: ab 4 Jahre <> **Material:** Goldpapier, Schere, Klebstoff

Zuerst eine feinmotorische Übung: Eine Krone basteln. Aus Goldpapier Streifen schneiden. Aus den Streifen einen kopfgroßen Ring kleben. Den Ring in eine Krone verwandeln, indem auf einer Seite Zacken eingeschnitten werden. Dann beim Vorbereiten des Picknicks zwischen Toast-, Tomaten-, Käse- und Schinkenscheiben, zwischen Salatblättern und süßem Senf eine Erbse verstecken. Wer sie später beim Verspeisen der Toasts während des Picknicks auftreibt, wird zum Picknick-Kaiser oder zur Picknick-Kaiserin mit der Papierkrone gekrönt.

Blindekuh mal anders

Alter: ab 4 Jahre <> **Material:** Dinge aus dem Picknickkorb, Augenbinde

Lauter verschiedene Dinge aus dem Picknickkorb werden auf einer Decke ausgebreitet, zum Beispiel ein Löffel, eine zusammengeknüllte Serviette, ein Stück Alufolie, ein Apfel, ein Ei. Dann krabbelt der erste Spieler mit verbundenen Augen rund um die Decke, greift sich verschiedene Dinge und versucht herauszufinden, was er in dem Händen hält. Das macht Spaß und fördert den Tastsinn.

Eine Variante für etwas ältere Spieler: Nur ein Ding auf die Tischdecke legen und dann versuchen, diese Sache mit verbundenen Augen aufzuspüren, dirigiert von Mitspielern, die „warm“ sagen, wenn das Ziel richtig angepeilt, und „kalt“, wenn es verfehlt wird. Oder die sich einen Spaß daraus machen, den Sucher in die Irre zu führen.

Teigtiere

Alter: ab 5 Jahre <> **Zutaten:** 1 kg Mehl, 40 g Hefe, 1 EL Salz, 100 g Butter, 600 ml Milch, 1 Ei

Powerkids müssen ihren Energievorrat immer wieder auftanken. Gut geeignet für unterwegs sind etwa Zopfteigfiguren. Beim Backen können auch schon die Kleineren helfen. Das Mehl in eine Schüssel geben. In die Mitte eine Vertiefung drücken. Das Salz auf dem Mehl verteilen (außen), die Hefe in die Vertiefung bröckeln. Die Butter in einem kleinen Topf schmelzen und vom Herd nehmen. Die Milch zur Butter geben. Die lauwarme Flüssigkeit in das Mehl rühren. Den Teig ordentlich durchkneten und eine Stunde lang zugedeckt gehen lassen. Aus dem Teig verschiedene Tiere formen. Die Teigtiere auf mit Butter bestrichenem Backblech noch einmal kurz gehen lassen, mit Eigelb bestreichen und im vorgewärmten Backofen etwa 30 Minuten bei 200 bis 220 °C backen.

Ausfliegen und sich richtig verwöhnen

Familienausflüge ohne Programm, aber mit Ideen

Mit dem Bus quer durch die Stadt

Alter: ab 5 Jahre ◇ **Material:** Stadtplan

Ein Unternehmen für hellwache Kids, die auf neue Anregungen aus sind und ihre Eltern gerne Löcher in den Bauch fragen: mit dem Bus oder mit der Straßenbahn eine Stadtrundfahrt machen – natürlich besonders attraktiv in Großstädten mit Doppeldeckerbussen. Die Stadtrundfahrt mit ein paar Extrabeschäftigungen anreichern wie Stadtplan lesen (Route mit dem Finger auf einem Stadtplan verfolgen), Häuser betrachten (was hat dieses Haus im Laufe der Zeit wohl schon alles erlebt? Eine Geschichte dazu ausdenken und erzählen) und Sachen suchen. (Wer sieht zuerst ein Polizeiauto? Einen Krankenwagen oder ein Cabrio? Oder Motorräder zählen. Oder Frisöre.)

Wissen ist Können

In einer hoch technisierten Gesellschaft können wir es uns nicht länger leisten, Kinder so viele wertvolle Jahre ziellos vor sich hinspielen zu lassen, sagen heute manche. Sie weisen darauf hin, dass das Gehirn im Kindesalter besonders aufnahmefähig sei. Richtig ist, das Gehirn saugt neue Informationen nicht wie ein Schwamm auf, sondern holt sich das, was es braucht. Es ist geeicht, sich auf das Wesentliche zu konzentrieren. Aber: Eine Vorauswahl durch „funktionale" Spiele engt ein und nimmt Kindern die Chance, sich umfassend zu entwickeln. Ein möglichst breites Angebot ist deshalb einem „Programm" immer vorzuziehen.

ELTERN-TIPP

In der Gemäldegalerie

Alter: ab 4 Jahre <> **Material:** Kunstpostkarte

Bilder anschauen, durch eine Ausstellung gehen – ein Sonntagsvergnügen, das kleineren, quicklebendigen Kinder schnell langweilig wird. Wenn sie außer Anschauen noch mehr zu tun bekommen, sieht die Sache schon interessanter aus. Spiele, die Powerkids bei der Stange halten und ihre Sinne schulen:

– Lieblingsbild suchen. Alle wandern gemeinsam durch die Ausstellung. Jeder sucht sich ein Lieblingsbild aus. Welches das ist, wird nicht verraten. Später wird dann ein Lieblingsbild nach dem anderen vorgeführt, noch einmal gemeinsam betrachtet. Gar nicht so einfach, den Mitbetrachtern zu erklären, warum man dieses oder jenes Bild auserkoren hat.

Anschließend sucht jeder das Bild, das ihm am wenigsten gefällt, zeigt es wieder seinen Mitbetrachtern und erklärt, warum es ihm missfällt.

– Suchspiel mit Kunstpostkarte. Jeder Ausstellungsbesucher wird mit einer Kunstpostkarte von einem Bild ausgestattet, das in der Ausstellung zu finden ist. Dann schwirren alle auf und davon, machen sich auf die Suche nach „ihrem" Gemälde. Wer findet „sein" Bild zuerst?

Eine Variante des Spiels: Die Kunstpostkarte zerschnippeln. Jeden Mitspieler mit einem Schnipsel versorgen, auf dem ein Detail des Gemäldes zu sehen ist. Dann machen sich wieder alle auf die Suche. Wer findet das Bild mit dem gesuchten Detail zuerst?

Oder: Farben suchen. Jeder wandert einmal für sich durch die Ausstellung auf der Suche nach dem schönsten Rot. Ist es gefunden, werden die Mitspieler zu dem entsprechenden Bild gebeten und dürfen es bewundern. Wer sucht das intensivste Blau? Das strahlendste Gelb? Das satteste Grün?

Die Wochenendlotterie

Alter: ab 5 Jahre <> **Material:** Zettel, Stifte

Jedes Familienmitglied darf einen oder auch mehrere Wünsche vorbringen, was man am Wochenende doch endlich mal unternehmen könnte, beispielsweise in den Tierpark gehen, die Eisenbahn aufbauen, die Gemüsebeete jäten (wer kommt denn auf diese Idee?), ins Eislaufstadion gehen usw. Jeder einigermaßen umsetzbare Wunsch wird auf einen Zettel geschrieben und die zusammengefalteten Zettel werden in einen Hut gelegt. Dann darf das jüngste Mitglied der Familie Glücksfee spielen und mit geschlossenen Augen ein Los ziehen. Was auch immer auf dem Zettel steht, sollte von allen (ohne Murren) akzeptiert werden.

Auf dem Aussichtsturm

Alter: ab 4 Jahre <> **Material:** Ansichtskarte

Für begabte Späher, die ihre Adleraugen weiter schärfen wollen. Auf einen Turm klettern und dann von weit oben einen beeindruckenden Rundblick genießen – für kleine Kinder ein großes Abenteuer. Ein paar Extras werten das Erlebnis noch zusätzlich auf:

– Auf Häusersuche gehen. Vor dem Aufstieg eine Ansichtskarte kaufen – zum Beispiel von einem naheliegenden Schloss o. Ä. Vom Turm aus dieses Schloss dann suchen bzw. ein anderes auffälliges Gebäude.

– Kirchen zählen. Wie viele Kirchen sind vom Turm aus zu sehen?

– Was gibt es sonst noch zu entdecken?

Ein Faulenzer-Tag voller kreativer Spielspäße

Ein Haus voll Zeit

Las Vegas im Wohnzimmer

Alter: ab 6 Jahre ◇ **Material:** Spiele

Am Sonntagabend verwandelt sich das Wohnzimmer in eine Spielhölle. Jedes Familienmitglied lädt einen Freund oder eine Freundin ein und dann wird gemeinsam gespielt. Natürlich dürfen auch die Gäste ihre Lieblingsspiele mitbringen. Bei der Gründung des Spieleclubs sollte man feierlich ausmachen, dass sich wirklich alle Spieler beteiligen, auch wenn mal ein Spiel dabei ist, das einem nicht so gut gefällt.

Sehe und staune

Alter: ab 6 Jahre ◇ **Material:** Zettel, Stift

Fünf kleine Zettel liegen bereit. Auf den ersten schreibt man vorne eine Eins, hinten eine Zwei, auf den zweiten vorne eine Drei und hinten eine Vier usw. Achtung: Die Ziffern Sechs und Neun mit einem Punkt markieren. Nun darf das Kind die Zettel mischen und auf den Tisch legen, während man sich vom Tisch wegdreht und zusätzlich noch die Augen schließt. Alles fertig? Dann soll das Kind nur angeben, wie viele ungerade Zahlen es sieht. Heimlich zieht man diese Anzahl von der Zahl 30 ab und hat, hokus, pokus, fidibus, die Summe aller Zahlen, die auf dem Tisch liegen. Beispiel: Das Kind hat ausgelegt: 9, 8, 6, 4, 1. Es gibt an, dass zwei seiner Zahlen ungerade sind (9 und 1). Wir rechnen: 30 – 2 = 28 und sagen stolz: „Die Summe aller ausgelegten Zahlen beträgt 28."

Mit guter Laune mehr Spaß an den Dingen des Lebens

Wer gute Laune hat, löst Probleme auf besonders kreative Weise, das haben Untersuchungen ergeben. Die Intuition läuft dann auf Hochtouren und dem Denken können eher Flügel wachsen als an grauen Tagen. Ist die Stimmung dagegen schlecht, sind keine Höchstleistungen zu erwarten. Mütter und Väter, die mit ihren Kindern häufiger malen, Geschichten erfinden, neue Spiele ausdenken, wissen das längst. Besondere Bilder, witzige Geschichten, aufregende Spiele entstehen an Gute-Laune-Tagen. Gelingt es der Familie, die Sonntage so zu gestalten, dass alle froh und munter mitziehen, dann ist die Chance groß, dass produktive Tage daraus werden.

ELTERN-TIPP

Das Taschenlampen-Kaleidoskop

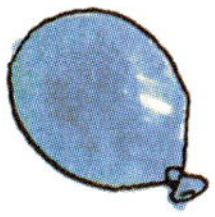

Alter: ab 4 Jahre <> **Material:** Taschenlampe, Schere, Papier, Klebeband

Für dieses Spiel braucht man eine Taschenlampe. Aus gewöhnlichem Schreibpapier schneidet man einen Kreis aus, der genau so groß ist wie die Scheibe der Taschenlampe. Dann faltet man das Papier zum Halbkreis und gleich noch einmal zum Viertelkreis. Mit einer scharfen Schere werden jetzt Muster in das Papier geschnitten. Das Papier wird wieder aufgefaltet, glatt gestrichen, auf die Taschenlampe gelegt und dort mit durchsichtigem Klebeband befestigt. Wird es dunkel und knipst man dann die Lampe an, erscheinen tolle Muster überall dort, wo man hinleuchtet. Wer es besonders gruselig haben will, der schneidet eine schaurige Gespensterfratze in das Papier und leuchtet damit herum.

Würfelglück

Alter: ab 6 Jahre <> **Material:** 30 Zettel, Stift, Würfel

Für „Würfelglück" braucht man etwa 30 kleine Zettelchen, auf die man die Zahlen von eins bis sechs schreibt – also bei 30 Zetteln jede Zahl genau fünf Mal. Jetzt werden alle Zettelchen zusammengefaltet, gut gemischt und in einem Körbchen den Spielern „serviert". Jedes Kind darf vier Zettelchen ziehen, auffalten und vor sich auf den Tisch legen. Abwechselnd darf dann jeder einmal würfeln. Würfelt ein Spieler dabei eine Zahl, die auf einem seiner Zettelchen steht, darf er diesen Zettel allen Mitspielern zeigen, zusammenfalten und wieder in das Körbchen zurücklegen. Wer alle vier Zettelchen losgeworden ist, ruft „fertig!" und hat gewonnen. Achtung: Wer mehrmals die gleiche Zahl zieht, muss natürlich auch mehrmals diese Zahl würfeln.

Der verlassene Bauernhof

Alter: ab 5 Jahre <> **Material:** Tuch

Ein Bauer kommt spät in der Nacht zu seinem Hof zurück und stellt fest, dass alle seine Tiere fortgelaufen sind. Da es draußen schon stockfinster ist, beginnt für ihn eine schwierige Aufgabe. Dem Bauern werden die Augen verbunden. Die anderen Spieler sitzen im Kreis und warten, bis der Bauer zu ihnen kommt und fragt: „Wer bist du?" Der Gefragte antwortet in einer beliebigen Tiersprache, zum Beispiel beginnt er zu bellen. Erkennt der Bauer, wer sich hinter dem Gebelle verbirgt, so sagt er zum Beispiel: „Du bist mein Hund Bettina." Hat der Bauer richtig geraten, schleicht der Hund zurück auf den Bauernhof. Hat er nicht richtig geraten, bleibt das Tier sitzen und der Bauer muss später noch einmal zu ihm zurück. Das Spiel ist aus, wenn der Bauer alle Tiere zurück zum Hof gebracht hat.

Fernsehen für kluge Kinder

Ein Anti-passiv-Programm zum Thema Fernsehen

Wissen: der Schlüssel zum Können

Intelligente Menschen greifen zum Lexikon, wenn sie etwas wissen wollen. Ihren Kopf belasten sie nicht damit, heißt es landauf, landab. Vielleicht sollten sie ihn doch häufiger damit belasten, denn immer öfter weisen Forscher darauf hin, dass das Wissen der Schlüssel zum Können ist und nicht allein die Intelligenz. Wissen heißt aber nicht Fakten anhäufen, sondern Informationen vernetzen. Das bedeutet: Kinder, die frühzeitig vernetztes Wissen ansammeln, sich für vieles interessieren und die Zusammenhänge hinterfragen, haben die größte Chance, viel dazuzulernen.

ELTERN-TIPP

Stummfilme

Alter: ab 5 Jahre

Ein Spiel für alle, die gerne fantasieren, sprechen, genau beobachten, wenn andere reden. Gemeinsam einen Fernsehfilm anschauen. Den Ton des Fernsehers abstellen und den „Stummfilm" dann eine Weile weiter verfolgen. Während er noch läuft, gemeinsam rätseln, was sich da im Fernseher eigentlich abspielen könnte.

Eine Variante: Wieder den Ton abschalten. Während der Fernsehfilm weiter über den Bildschirm flimmert in die Handlung einsteigen, sich ausdenken, was die Schauspieler in diesem oder jenem Bild sagen könnten, ihre Rollen mitsprechen und vielleicht auch mitspielen.

Von Wetterfeen und Wetterhasen

Alter: ab 5 Jahre

Wieder wird der Ton abgeschaltet, während im Fernsehprogramm der Wetterbericht läuft. Ein Mitspieler stellt sich neben den Kasten und spricht den Wetterbericht stellvertretend für den Mann oder die Frau aus dem Fernseher. Wo wird es regnen? Wo wird die Sonne scheinen? Und was ist mit dem Wind?

Ein Spiel, das Improvisationstalent verlangt.Eine Variante des Spiels: Den Ton wieder anschalten, dann den Menschen auf der Mattscheibe nachäffen. Seine Gestik und Mimik übernehmen und seine Art zu sprechen. Wer kann ihn am besten kopieren?

Das Schnurrbartspiel

Alter: ab 5 Jahre <> **Material:** schwarzer Fotokarton, Schere, Klebeband

Während im Fernsehen die Nachrichten laufen, aus schwarzem Tonpapier einen Schnurrbart für den Nachrichtensprecher schneiden. Auf die Rückseite des Schnurrbarts eine Schlaufe aus Klebeband kleben. Den Schnurrbart auf die Mattscheibe pappen: dem Nachrichtensprecher genau unter die Nase. Oder einer Nachrichtensprecherin ein aus Tonpapier geschnittenes Hütchen verpassen oder eine Schleife.

Vorwärts und rückwärts

Alter: ab 3 Jahre <> **Material:** Fernbedienung vom Fernseher, Würfel

Kinder zappen gerne durchs Programm – nicht immer zur Freude ihrer Mitfernseher. Hier ist das Spielen mit der Fernbedienung ausdrücklich erlaubt. Der Jüngste darf sie zuerst benutzen – und zwar genau nach Angabe. Ein Mitspieler gibt vor, was er tun soll: „Drei Programme vorschalten, fünf Programme zurückschalten, zwei vor, sechs vor …" Für einen Zählanfänger gar nicht einfach, dabei mitzuhalten und bei dem Vor und Zurück nicht durcheinander zu kommen!

Eine Variante: Auswürfeln, welche Programme nacheinander angezappt werden.

Die Fernsehkritik

Alter: ab 6 Jahre

Die ganze Familie hat sich vor dem Fernseher versammelt und hat sich vorgenommen, ein Kinderprogramm kritisch zu betrachten und zu kommentieren – besonders wohlwollend oder eher ablehnend. Reihum versucht dann jeder, seine Kritik oder sein Lob in Worte zu fassen. Gar nicht so einfach, auf die Schnelle passende Worte zu finden. Was gefällt, was gefällt nicht – und welche Gründe sprechen für oder gegen was? Was könnte man besser machen und wie?

Die schönsten Sonntagsrituale für Familien

Immer wieder sonntags

Frühstück bei Sonnenaufgang

Alter: ab 5 Jahre

Ein Sonnenaufgang ist ein wundervolles Naturerlebnis, das man leider fast jeden Tag versäumt. Am nächsten Wochenende, für das schönes Wetter angesagt ist, soll das anders werden. Erkundigen Sie sich, wann die Sonne aufgehen wird, packen Sie am Abend zuvor alles Nötige für ein gemütliches Frühstück in den Picknickkorb und stellen Sie den Wecker! Es ist spannend, wenn sich die ganze Familie im diffusen Licht der Morgendämmerung ins Auto setzt, um zu einer schönen Stelle zu fahren, von der aus man den Sonnenaufgang besonders gut beobachten kann.

Dem Zufall überlassen ...

Alter: ab 6 Jahre ◇ **Material:** Stadtplan, Landkarte

Je nachdem, wie viel Zeit und Geld man hat, wird eine entsprechende Landkarte ausgebreitet: Das kann ein Stadtplan sein oder eine Karte der näheren Umgebung. Das jüngste Familienmitglied schließt die Augen, und die anderen drehen die Karte. Jetzt tippt das Kind mit seinem Finger auf die Karte und legt damit den Zielort für den Abenteuerausflug fest. Gemeinsam überlegt man, wie man dort am besten hinkommt, schwingt sich auf die Räder oder setzt sich ins Auto, in den Bus oder die Bahn und strebt dem Ort des Zufalls entgegen.

Keine Lust auf Mama oder Papa: ganz normal

Kinder bestimmen gerne selbst, was sie spielen und mit wem sie spielen wollen. Natürlich sind Mama und Papa geschätzte Spielpartner, vor allem natürlich, wenn sie in bester Sonntagslaune sind. Aber manchmal handeln sie sich trotzdem eine Abfuhr ein. Bitte nicht persönlich nehmen und beleidigt zurückziehen, sondern respektieren, dass auch kleine Wesen ihren eigenen Kopf haben. Nach einer Weile sieht die Welt häufig wieder anders aus: Dann sind die Eltern als Spielpartner wieder hochwillkommen.

ELTERN-TIPP

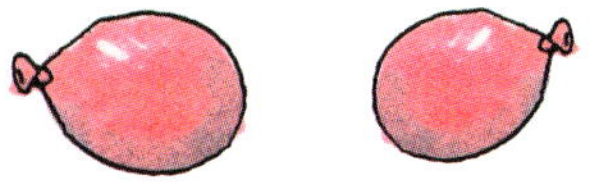

Der rote Sonntag

Alter: ab 4 Jahre ◇ **Material:** rote Luftballons, rote Klamotten

Den „schwarzen Freitag" und den „blauen Montag" gibt es schon – wie wäre es deshalb mit einem roten oder gelben Sonntag? An diesem Tag steht einfach alles unter dem Zeichen dieser Farbe. Alle Familienmitglieder kleiden sich rot, dekorieren den Frühstückstisch rot, hängen rote Luftballons auf und essen und trinken vorwiegend rote Dinge. So ein Farbensonntag macht natürlich noch mehr Spaß, wenn mehrere Kinder eingeladen werden, diesen Farbentag mitzufeiern.

Wir tun was

Alter: ab 5 Jahre

In einer Zeit, in der viele von uns im Überfluss leben, ist es normal geworden, die „guten Taten" in Form von Geldspenden „abzuhaken". Aber gerade intakte Familien verfügen über so viel Energie, dass sie leicht etwas von ihrer Kraft zur Hilfe schwächerer Menschen abgeben könnten. So wäre es vielleicht möglich, einen alten Menschen aus der Nachbarschaft oder aus einem Altenheim ab und an zu besuchen oder einzuladen. Auch Menschen in Behindertenheimen brauchen Kontakt zu Menschen „draußen". Es gibt so viele Behinderte, die zwar im Heim leben, aber jederzeit zu Besuch kommen könnten. Die Betreuer in solchen Heimen freuen sich über Ihr Interesse, beraten Sie und leisten Unterstützung.

Das Sonntagsgesetz

Alter: ab 4 Jahre

Jeden Sonntagmorgen überlegen alle Familienmitglieder beim gemeinsamen Frühstück ein Gesetz für den Tag. Je unsinniger und lustiger, desto besser!

Also wir können zum Beispiel als Gesetz verabschieden, dass jeder beim Betreten der Toilette lauthals „Es klappert die Mühle" singt oder ein anderes, allen bekanntes Lied trällert. Oder wir entscheiden uns dafür, dass wir uns bis zum Mittagessen siezen oder mit neuen Namen anreden. Wer dabei erwischt wird, das Gesetz zu missachten, zahlt ein Pfand und wartet mit Schaudern auf die Pfänderverlosung am Abend.

Ruhige Aktionen, damit alle sich erholen können

Sonntag ohne Stress

Zeitlupe

Alter: ab 5 Jahre

Zeitlupe ist ein lustiges, leises Spiel, das hervorragend für Sonntagabende geeignet ist, um die ganze Familie zu beruhigen und zu entspannen. Wird „Zeitlupe" gerufen, können sich alle natürlich nur noch ganz, ganz langsam bewegen. So zieht man sich beispielsweise im Schneckentempo seinen Schlafanzug und die Hausschuhe an. Wer etwas sagen will, tut das in Zeitlupe, und wer bei dem Spiel lachen muss, lacht ganz, ganz langsam: Ha … ha … ha!

Der passende Wecker

Alter: ab 4 Jahre ◇ **Material:** Glocke, Löffel, Tasse, Fahrradklingel, Quietscheente, Schlüsselbund usw.

Auf dem Tisch liegen verschiedene Geräuschemacher, zum Beispiel ein Glöckchen, eine Fahrradklingel, eine Tasse mit einem Löffel darin, Quietscheente, ein Schlüsselbund usw. Ein Spieler wird als Wecker aus dem Raum geschickt und die anderen überlegen, durch welches Geräusch sie sich wecken lassen. Jetzt legen sich alle Spieler zum Schlafen und einer ruft noch schnell das Weckerkind zurück ins Spielzimmer, bevor auch er die Augen schließt. Das Weckerkind probiert jetzt, alle mit diversen Geräuschen aus dem Schlaf zu holen: Es klopft mit dem Bleistift gegen den Tassenrand, scheppert mit dem Schlüsselbund – aber die Kinder schlafen tief und fest weiter. Erst wenn das Weckerkind das vereinbarte Geräusch macht, wachen alle wieder auf.

Im Kreis der Familie

Alter: ab 4 Jahre

Für diesen Genuss braucht man mindestens drei Spieler, je mehr aber mitmachen, umso lustiger wird es im Familienkreis. Alle sitzen im Kreis auf dem Boden. Auf ein Zeichen drehen sich alle nach rechts, sodass jeder auf den Rücken seines Vordermannes schaut. Diesen Rücken gilt es jetzt gut zu behandeln. Man streichelt und rubbelt, reibt und massiert und genießt gleichzeitig die Behandlung des eigenen Rückens. Nach einer Weile ist die erste Massage vorbei. Alle Familienmitglieder drehen sich jetzt nach links, um den Rücken des linken Nachbarn zu behandeln und auch selbst einen neuen Masseur auszuprobieren.

Die Pausen nicht vergessen

Ein Powerkid ist wissbegierig. Ständig kommt es mit neuen Fragen, möchte mit Anregungen gefüttert werden. Erst will es wissen, wie ein Spatz den Winter übersteht. Gleich darauf, wieso Leute Heuschnupfen haben. Ein Marathonlauf für Eltern: Immer die richtige Antwort parat zu haben, ist alles andere als einfach. Ihr Bemühen, vernünftige und stimmige Antworten zu geben, lohnt sich, denn ihr wissbegieriges Kind will daraufhin noch mehr wissen. Es mit Anregungen versorgen, kann aber nicht heißen, immer auf Achse zu sein und ein Event an das andere zu reihen. Wichtig: Anregungen geben ja, aber nicht zu üppig. Kleine Kinder brauchen Pausen und die Möglichkeit, das zu verdauen, was sie erfahren haben.

ELTERN-TIPP

Baumeln

Alter: ab 5 Jahre

Ein Spieler beugt seinen Oberkörper weit nach vorn und lässt Arme und Kopf ganz locker nach unten baumeln. Der Spielpartner steht bei ihm und klopft nun zuerst mit beiden flachen Händen den Rücken des Gebeugten ab. Nicht zu fest klopfen, aber doch so, dass das Klopfen gut zu spüren ist. Nach ungefähr einer Minute, wenn alle Stellen des Rückens gründlich abgeklopft wurden, beginnt der Partner langsam, von oben nach unten über den immer noch gebeugten Rücken zu streichen. Der Spieler richtet sich mit dem Streichen seines Partners allmählich auf und steht schließlich wieder mit geradem Rücken da. Eine Wohltat für verspannte Schultern, Rücken und Halsmuskeln, die natürlich auch die Erwachsenen genießen dürfen.

Bitte fallen lassen!

Alter: ab 5 Jahre ◇ **Material:** 10 bis 20 kleine Gegenstände

Auf dem Tisch liegen mindestens 10, maximal 20 kleine Gegenstände. Diese Dinge sollte ein Erwachsener zusammensuchen, denn er weiß am besten, was beim Aufkommen auf dem Boden Geräusche abgibt, ohne kaputt zu gehen, zum Beispiel: eine Büroklammer, ein Stift, eine Streichholzschachtel, ein großer, alter Schlüssel, ein Stück Hundekuchen, eine Holzperle und vieles mehr. Alle Spieler dürfen sich diese Dinge erst einmal genau anschauen. Dann wird ein Spieler ausgewählt, der sich umdrehen muss und zusätzlich noch die Augen schließt. Ein Mitspieler wählt nun einen Gegenstand aus und lässt ihn nach einer kurzen Warnung: „Achtung!“ auf den Boden fallen. Na, kann der Spieler erraten, welcher Gegenstand zu Boden fiel?

Spiele-Futter für fixe Kinder

Eine Sport-Spiel-Bewegungsschau

Fingerringen

Alter: ab 5 Jahre

Zwei Kinder können bei diesem Spiel ihre Kräfte messen. Die beiden Sportler setzen sich einander gegenüber an einen Tisch, legen ihren rechten Arm (Linkshänder den linken Arm) auf den Tisch und haken ihre Zeigefinger in einen Vorhangring ein. Sobald das Startzeichen gegeben wird, versuchen beide Ringer ihren Partner „über den Tisch" zu ziehen. Anfeuerungsrufe der Zuschauer sind natürlich bei diesem Wettkampf besonders wichtig.

Tipp: Tritt ein großes Kind gegen ein schwächeres an, darf das große nur seinen kleinen Finger einhaken, das kleine dagegen darf so viele Finger benutzen, wie er will.

Karussell für zwei

Alter: ab 5 Jahre

Zwei Karussellfahrer stellen sich einander gegenüber und geben sich über Kreuz die Hände. Jetzt lehnen sich beide langsam mit den Oberkörpern zurück und beginnen sich zu drehen. Immer schneller und schneller dreht sich das Karussell, bis einer „Halt!" ruft und die Mühle langsam wieder zum Stillstand kommt oder beide Karussellfahrer ins Gras plumpsen.

Achtung: Zuschauer in entsprechender Entfernung postieren und fotografieren nicht vergessen!

Auch das Spielen muss man lernen

Manche Kinder werden zu Hause rund um die Uhr beschäftigt und berieselt. Dauernd ist Programm angesagt oder das Fernsehgerät läuft. Vom Spielen haben diese Kids oft keine Ahnung. Die richtige „Spielschule“ sieht dagegen so aus:

- *Sich allein ein Spiel ausdenken.*
- *Das richtige Spielzeug auftreiben.*
- *Leute suchen, die mitmachen.*
- *Das Spiel gemeinsam weiterentwickeln.*

ELTERN-TIPP

Hammerwerfen

Alter: ab 5 Jahre

Ein Erwachsener ist der Hammerwerfer. Er steht mitten auf der Wiese und hält ein Kind an der Hand. Hat der Hammerwerfer alle seine Kräfte gesammelt, dreht er sich mit dem Kind immer schneller um die eigene Achse und lässt das Kind plötzlich los. Dieses Kind muss nun blitzschnell „versteinern“. Es bleibt also so stehen oder liegen, wie es nach dem Schleudern wieder die Kontrolle über sich erlangt hat. Dann nimmt sich der Hammerwerfer ein weiteres Wurfgeschoss und setzt das Spiel so lange fort, bis alle Mitspieler in den lustigsten Positionen als „Denkmäler“ auf die Wiese gebannt sind. Aber Vorsicht! Dieses Spiel kann gefährlich werden, wenn man zu wild spielt. Brillen vor dem Spiel absetzen!

Die Schattenjagd

Alter: ab 5 Jahre

Für eine Schattenjagd muss natürlich die Sonne kräftig scheinen. Ein Kind wird zum Jäger bestimmt. Der Jäger jagt die Mitspieler kreuz und quer über das asphaltierte Gelände, bis es ihm gelingt, auf den Schatten eines anderen Kindes zu treten. In diesem Augenblick muss der Gefangene stehen bleiben, wo er sich gerade befindet. Der Jäger versteinert auf diese Weise ein Kind nach dem anderen. Wenn nur noch ein einziges Kind übrig ist, wird es nochmal spannend. Dieses Kind darf nämlich jetzt andere Mitspieler erlösen, indem es einen „versteinerten Bruder“ oder eine „versteinerte Schwester“ auf der linken Schulter antippt. Nun hat der Jäger also wieder zwei und mehr Beutekinder einzufangen. Der Jäger hat gewonnen, wenn es ihm gelingt, alle Kinder zu versteinern.

Das Dreirad

Alter: ab 6 Jahre **Material:** drei Bälle

Drei Bälle, viel Kraft, Geduld und Geschick sind nötig, um ein Dreirad herzustellen, wobei man auf einem Ball sitzen muss und die Füße auf jeweils einem weiteren Ball ruhen sollen. Wer diesen Wettbewerb gewinnen will, muss mindestens zehn Sekunden auf seinem Dreirad verharren, ohne sich dabei mit den Armen abzustützen. Und zehn Sekunden können in so einer labilen Stellung sehr lang werden.

Ein Spiel, das Gleichgewichtssinn, Feimotorik und Geduld gleichermaßen fordert und fördert.

Zeit zum Theaterspielen

Improvisieren und aus dem Stegreif Theater spielen

Verkleiden

Alter: ab 3 Jahre <> **Material:** Kleidung von Mama

In Mamas Schrank wühlen – eine Lieblingsbeschäftigung kleiner Mädchen. Blusen, Hüte, Schals und Schuhe eignen sich bestens fürs Verkleiden. Das Wichtigste: Alles ausprobieren. Eine spannende Angelegenheit, in Mamas Schuhe zu schlüpfen und auf hohen Absätzen daher zu klappern. Oder Bluse und Schal gekonnt und kreativ zu drapieren. Wenn die Verkleidung vollbracht ist, vor einen großen Spiegel stehen, sich drehen und wenden und fragen: „Bin das wirklich ich?"

Dream-Team zu zweit

Alter: ab 5 Jahre

Gefühle entdecken. Gefühle zeigen – gar nicht so einfach für Schauspieleranfänger. Es erfordert Übung, sich in andere hineinzuversetzen. Ein Kind stellt ein bestimmtes Gefühl dar: krümmt sich zum Beispiel traurig zusammen oder tut so, als weine es fürchterlich. Oder tanzt vor Freude. Oder platzt gleich vor Wut. Ein zweiter Mitspieler wird ins Spiel geschickt und muss versuchen, auf das Gefühl des anderen einzugehen. Trauert er mit oder versucht er zu trösten? Freut er sich mit oder will er dem anderen die Freude nehmen? Wütet er ebenfalls oder versucht er, den Wüterich zu beruhigen? Nach einer Weile werden die Rollen getauscht.

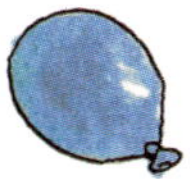

„Jetzt spiel mal den Clown!"

Alter: ab 5 Jahre <> **Material:** Klamotten aus einer Verkleidungskiste

Ein Kind spielt vor. Ein anderes gibt vor, was das erste Kind spielen soll. Gar nicht so einfach, Worte in Bewegung, in Gestik und Mimik umzusetzen.

Eine Variante des Spiels: Einer spielt eine Rolle vor. Er stellt z.B. einen kranken Hund dar. Oder eine alte Marktfrau. Oder einen eitlen Mann, der durch die Stadt stolziert. Oder eine beleidigte Leberwurst. Die anderen raten, was er darstellt.

„Ich bin jetzt der Polizist!"

Rollenspiele helfen einem Knirps, sich und andere besser kennen zu lernen, eigene Wünsche zu entdecken, Freuden und Ärgernisse auszuloten. Oft werden dabei Alltagserlebnisse verarbeitet. Begeistert geht ein Kind in den Rollen auf, die es spielt. Zuerst spielt es am liebsten mit Mutter oder Vater: Es verdonnert seinen Mitspieler zum Beispiel, ein Stück von dem (unsichtbaren) Kuchen zu probieren, den es gerade gekauft hat. Ab dem vierten Lebensjahr werden mehr Mitspieler einbezogen. Weil sie jetzt besser mit Sprache umgehen können, kann eher ausgehandelt werden, wer welche Rolle übernimmt. Das Spiel wird mit der Zeit immer komplexer. Was nach purer, fantasiesprühender Unterhaltung aussieht, ist ein perfektes Lernprogramm.

ELTERN-TIPP

Zehn Zwerge vom Hollerberge

Alter: ab 5 Jahre <> **Material:** bunte Stifte

Mit bunten Stiften Gesichter auf die Fingerkuppen malen: Die Finger verwandeln sich so in lauter Zwerge vom Hollerberge. Dann mit den zehn „Zwergen" Kasperletheater spielen. Sich lange Geschichten erzählen, sich streiten, sich wieder versöhnen, sich streicheln und umarmen lassen. Ob allein, zu zweit oder in der Gruppe, je nach Zwergenzahl und Ideenreichtum entstehen kürzere oder längere Spielstücke.

Fingerspiele fördern nicht nur die Feinmotorik, sondern auch das Sprach- und Denkvermögen.

Wenn sich zwei Freunde treffen

Alter: ab 4 Jahre <> **Material:** zwei Stofftiere

Eine kreative Angelegenheit für sprachgewaltige Powerkids, die ihr Improvisationstalent weiterentwickeln wollen. Zwei Spieler rücken mit ihren Lieblingsstofftieren an, verschwinden hinter einem Tisch und lassen ihre Tiere an der Tischkante entlang kaspern. Was haben die Tiere zu erzählen? Was haben sie erlebt oder erleben sie gerade? Was haben sie noch vor?

Auf zärtliche Fürsorge angewiesen

Der Sonntag ist passé. Ein guter Sonntag war es, wenn die Atmosphäre in der Familie stimmte, wenn er nicht nur durch ein Bündel verschiedener Aktionen geprägt war, sondern auch Ruhe herrschte und ein wenig Zeit zur Selbstbesinnung vorhanden war. Nur in einem entspannten Klima fühlen sich Kinder wohl, nur dann kann ihr Spielen auch Lernen sein. Wie gesund, liebesfähig und sinnlich ein Kind wird, wird in den ersten Lebensjahren entscheidend geprägt. Nur wenn sein Wunsch nach liebevollem, fürsorglichem Kontakt ausreichend befriedigt wird, kann es sich körperlich und seelisch gesund entwickeln.

ELTERN-TIPP

Ein entspannter Sonntags-Ausklang

Ende gut, alles gut

Das Familiennest

Alter: ab 3 Jahre

Anstatt sich an einem trüben Sonntagabend vor den Fernseher zu setzen, bauen alle Familienmitglieder gemeinsam ein gemütliches Familiennest. Da werden Polster, Decken und Kissen herangeschleppt, Bücher, Spiele, Musikkassetten und selbstverständlich auch ein Vorrat an warmen Getränken und kleinen Snacks für zwischendurch. Jetzt kann man lesen, vorlesen, Musik hören, kuscheln, reden und es gibt nur wenig Gründe, die einen dazu bringen werden, das warme Familiennest zu verlassen.

Schau dich um!

Alter: ab 6 Jahre

Während man gemütlich aneinander gekuschelt auf dem Sofa lümmelt, beginnt ein Spieler: „Ich sehe einen Aschenbecher." Der Nächste schaut sich im Zimmer um und sagt dann vielleicht: „Ich sehe ein Buch." Der Dritte hat es schwer, denn er muss etwas entdecken, dessen Namen mit C beginnt. Vielleicht sieht er einen CD-Spieler oder eine chinesische Teekanne. Der Nächste hat es wieder leichter. Sein Begriff beginnt mit D. So wird weitergespielt, bis der letzte Spieler einen Begriff wie „Zeitung" oder „Zimmerlinde" nennt. Natürlich dürfen ganz schwierige Buchstaben wie Q, X und Y ausgelassen werden.

Gähnen und dehnen

Alter: ab 3 Jahre

Gähnen ist entspannend, erholsam und vor allem ansteckend!

Ein Kind bekommt die Aufgabe, alle anderen Familienmitglieder zum Gähnen zu bringen. Es streckt und räkelt sich ausgiebig und die Mitspieler ahmen ihm alles nach. Dann atmet es tief durch den offenen Mund, schließt schon mal die Augen und gähnt lang und tief aus dem Bauch heraus. Immer wieder räkelt es sich und gähnt genüsslich, bis hier und dort ein Echo zu vernehmen ist.

Geheimtipp: Man beginnt selbst am einfachsten zu gähnen, wenn man sich vorstellt, dass man einen kleinen Luftballon im Hals hat, der sich selbst immer weiter ausdehnt.

Roomservice

Alter: ab 3 Jahre <> **Material:** Tablett, Glas mit warmer Milch, Keks

Überraschen Sie Ihr Kind, das bereits ins Bett gegangen ist, und servieren Sie ihm auf einem kleinen Tablett eine Tasse warme Milch und einen besonders beliebten Keks. Setzen Sie sich noch ein Weilchen zum Kind und reden Sie mit ihm über den vergangenen Tag und die kommende Woche. Vielem kann man im Gespräch den Schrecken nehmen und das Kind wird nicht mehr mit solchem Unbehagen an den kommenden Montag denken. Nach dem abschließenden Zähneputzen schläft es beruhigt und entspannt ein.

So bist du eben …

Alter: ab 3 Jahre

Jeder überlegt sich, was das Lustigste war, das seiner Ansicht nach die Mama, der Papa oder die große Schwester jemals getan hat. Wie hat sie/er dabei ausgehen, was haben die anderen für Gesichter gemacht? Na, da kommen die tollsten Dinge heraus. Das Geschehen wird in den buntesten Farben ausgemalt und alle erinnern sich, wie lustig es war.

Impressum

© Christophorus im Verlag Herder
Freiburg im Breisgau 2004
www.christophorus-verlag.de

ISBN 3-419-53630-5

Almuth Bartl ist Pädagogin mit langjähriger Berufserfahrung, Mutter von vier Kindern und Leiterin verschiedener Kinder- und Jugendgruppen. Sie gehört zu den Erfolgsautorinnen im Bereich Kinderbeschäftigung.

Cornelia Nitsch ist Journalistin mit langjähriger Berufserfahrung und Mutter von vier Kindern. Sie gehört zu den erfolgreichsten Autorinnen im Bereich Elternratgeber und Familie.

Lektorat: Martin Stiefenhofer

Illustrationen: Detlef Kersten

Coverfotos: Heidi Velten

Fotos:
Ursula Markus: Seite 56
Ulrich Niehoff: Seite 30
Miguel Perez: Seiten 22, 46
Heidi Velten: Seiten 6, 9, 12, 18, 20, 26, 39, 42, 58

Umschlaggestaltung und Layoutentwurf:
Network!, München

Gesamtproduktion:
Uwe Stohrer Werbung, Freiburg

Herstellung: Himmer, Augsburg 2004

Hier zeigen wir Ihnen eine Auswahl unserer beliebten und erfolgreichen Bücher – und wir haben noch viele andere im Programm. Wir informieren Sie gerne, fordern Sie einfach unser Verlagsprogramm an:

Bücher für ErzieherInnen, Eltern und Kinder
Bücher für Eltern und Familie • Bücher für Kinder
Bücher für Ihre Hobbys

3-419-**53616**-X

3-419-**53440**-X

3-419-**53592**-9

3-419-**53624**-0

3-419-**53625**-9

3-419-**53629**-1

Wir sind für Sie da, wenn Sie Fragen haben. Und wir interessieren uns für Ihre eigenen Ideen und Anregungen. Faxen Sie, schreiben Sie oder rufen Sie uns an.
Wir hören gerne von Ihnen!

Ihr Christophorus-Verlag

CHRISTOPHORUS

Hermann-Herder-Straße 4
79104 Freiburg i. Breisgau
www.christophorus-verlag.de
Telefon: 0761 / 2717 - 268 oder
Fax: 0761 / 2717 - 352

Power

Hellwach, topfit